KT
高崎

YAMAGATA
KT
大高崎

KT
高崎

野球選手権

機動破壊

健大高崎　勝つための走塁・盗塁93の秘策

田尻賢誉

竹書房

まえがき

甲子園が、どよめいた。
2014年夏の甲子園の健大高崎対大阪桐蔭戦。健大高崎の1番打者・平山敦規が1回裏無死一塁から盗塁を成功させると、「待ってました」とばかりにスタンドの空気は一変。地元チームが相手にもかかわらず、一気に健大高崎ムードに包まれた。「もっと走ったれ!」「もっと行ったれ!」。球場全体が盗塁を後押しする雰囲気。甲子園が、まさに健大高崎のための〝宇宙空間〟と化していた。
「スタンドがどよめいたのはわかりました。それまで走ったときは、『おぉ』みたいな感じだったんですけど、桐蔭のときはめっちゃワーッてなって、もっと走りたいなと思いましたね」(平山)
甲子園のファンは、しばしばこういった空間を作り出す。ファンの期待に応え、その通りのプレーを見せると球場全体が味方になるのだ。ただ、多くの場合、これができるのはスター選手。噂通り150キロの速球を披露すればファンは喜び、ホームランを放てば立ち上がって手を叩く。だが、そこは高校野球。そんな〝怪物級〟の選手が何人もいるわけではない。だから、甲子園のファンはスター選手以外にも肩入れする。

では、〝怪物〟以外でファンに愛される選手とは、どんな選手なのか。

それは、個性のある選手だ。

14年夏は超スローカーブの東海大四・西嶋亮太、13年夏はファウル打ちの花巻東・千葉翔太。西嶋は投手としては小柄で細い168センチ、59キロ、千葉は大会最小兵の156センチ。そんな彼らが努力と工夫で身につけた技にファンは喜び、声援を送った。わかりやすい特徴があれば、スタンドはそれに反応する。

そして――。

その個性をチーム全体で体現したのが健大高崎だった。4試合でチーム通算26盗塁。1番の平山が大会記録に並ぶ8個、3番の脇本直人（現千葉ロッテマリーンズ）が6個、長島僚平、星野雄亮、山上貴之が各3個、柘植世那、横溝拓斗、柴引良介が各1個と投手以外の8人全員が走った。誰にでもわかる〝盗塁〟という個性でスタンドのファンの心をつかんだ。

なぜ、健大高崎がそこまでファンの心をつかんだのか。高校野球といえば、無死一塁はバントが定番。当たり前のようにバントをするチームは無難で印象に残らない。たとえ失敗しても不満や批判はないが、その代わりに感激もされない。弁当に例えれば、万人受けはするが、印象の残らない幕の内弁当みたいなものだ。ところが、健大高崎は走者が一塁に出れば無死からでも盗塁をする。二塁からも三盗を決める。高校野球ではあまり取らない戦法だから、印象に残るのだ。それが弁当の中でも明確な〝売り物〟になる。から揚げ弁当でから揚げが目立つように、ハンバーグ弁当でハンバーグが目立つように、わかりやすく盗塁という個性をアピールすることで、盗塁弁当を売り出している。

だから、ファンもそれを目当てに球場に〝わざわざ〟足を運ぶ。炎天下の中、早起きをして、長い行列に並んでチケットを買う。わざわざ幕の内弁当を買う人は少ないだろうが、期間限定の特別な弁当が販売されれば、労を惜しまず、わざわざ購入する人はたくさんいるのだ。さらに、健大高崎が優れているのは、個性を個人ではなく、チームのものにしていること。

14年夏だけではなく、12年のセンバツでも勝利した準々決勝までの3試合で16盗塁を記録している。選手の個性は卒業すれば販売終了せざるをえないが、チームの個性はスタイルを変えない限り、ずっと販売し続けることができるのだ。弁当が評判になり、素材がよくなれば、中身ももっとよくなる。同じから揚げ弁当でも、高級感あふれるから揚げ弁当ができる。

投げる、守る、打つ、走る。チーム作りにおいて、どれも重要なのは間違いない。それらが最低レベルに達しない限り勝負はできないのも事実だ。だが、どれも同じようにまんべんなく鍛えていくのでは、幕の内弁当を作っているのと同じ。中身が同じならば、素材のよい弁当の方がおいしいのは当たり前だ。だからこそ、個性を磨き、特長ある弁当を作ることが求められる。どこにも負けない特長があり、それをアピールできれば、最高級の素材ばかりを使った豪華弁当とも勝負ができるのだ。

それを体現しているのが、健大高崎といっていい。

本書では、そんな健大高崎の走塁をじっくりと紹介していきたい。売り物である盗塁が目立っているが、その盗塁も1種類や2種類ではない。その他の走塁も、細部にまでさまざまなこだわりがある。逆に言えば、細部にこだわるからこそ、メインディッシュが特別に輝くともいえる。

では、どんな方法で、どうやって調理していくのか。健大高崎・走塁弁当の極上レシピをとくとご覧あれ。

機動破壊

目次

■機動破壊　其の二
盗塁は成功する確率の方が高い。この客観的な事実を伝えて、練習試合では3球以内に走らせる。

1試合5盗塁が目標……54
■機動破壊　其の三
「1試合5盗塁」「盗塁の新記録を作る」などの具体的な目標と、「内野ゴロでの全力疾走の徹底」など選手への意識づけが重要。

行く勇気……57
【実例 1 前橋育英戦】
■機動破壊　其の四
選手たちが思い切って走りやすい環境を指導者が作り出すことで、選手自身が決断し、自分の意思で走るようになることが大事。

カウント別の考え方をベースにした読み……61
■機動破壊　其の五
行く勇気を出すために欠かせないのが読み。読みと観察で、成功する、または成功する確率が高いと確信したときに思い切りは出てくる。

小中学生や、走塁に苦手意識のある高校生に対して……64
■機動破壊　其の六
最初は失敗してもいい。成功したときの喜びを重ねることで、徐々に自信をつけていけば走塁はうまくなる。能力は心理でカバーできる。

監督の勇気と決断力……67
■機動破壊　其の七
盗塁に必要なのは、走者の勇気と決断力。だが、それ以上に重要なのが、監督の勇気と決断力。盗塁に絶対はないが、限りなく絶対に近い方法はある。

選手の背中を押して導く……71
■機動破壊　其の八
目的をはっきりさせ、それを達成するためにはどうすればいいのかを説明する。

結果の成否ではなく、内容の良し悪しで判断する。

第2章　打者走者と、一塁走者の基本

打者走者の走路は、打球の飛んだ位置によって変わる……76
［実例2　岩国戦］
■機動破壊　其の九
シングルヒットの打球でも、シングルと決めつけない。常にスキがないかをうかがい、次の塁を狙う習慣をつける。

一塁走者のリードは4メートル30――走者一塁、あるいは一、三塁の場合……80
■機動破壊　其の十

基本的にはリードは大きく。だが、場合によっては遠近感を巧みに利用して、
相手投手の心理面を揺さぶる。
これまでの常識を完全に壊すことが第一 ………… 83
■機動破壊　其の十一
まず最初は、盗塁するチームとはこういうチームなんだという体質的なものを
刷り込む。無理やりにでも行かせて、セーフになる喜びを体験させる。
一塁走者のさらに大きなリード――走者一、二塁や満塁の場合 ………… 85
■機動破壊　其の十二
走者一、二塁のときの一塁けん制は、絶対に不穏な動きがあるからわかりやす
い。それさえマークしておけば、大きなリードは怖くない。
一塁走者の離塁のポイント❶　離塁は素早く出る ………… 86
■機動破壊　其の十三
離塁でゆっくり出ていると、理想のリード位置まで出られないし、理想のリー
ド姿勢も取れない。完璧なスタートを切るために素早くリードを取る。
一塁走者の離塁のポイント❷　カウンターけん制への対抗策 ………… 88
■機動破壊　其の十四
相手投手のクセやデータを分析し、練習をくり返す。反応スピードが速くなる
よう、身体で覚え込ませる。
一塁走者の離塁のポイント❸　アウトを恐れる気持ちを消していく ………… 90

■機動破壊　其の十五
走塁はあくまで心理戦。そう考えれば、消極的な姿勢はもったいない。積極的に仕掛ける姿勢を持ち続けることが大切。
リード時の構えは左右50：50で体幹を重視 …… 92
■機動破壊　其の十六
リード時は右足、左足、体幹、この3つの三角形の中に力のベクトルがあるようにする。どちらか片方に重心が乗っていると、強く蹴り出せない。
雰囲気出しで重圧を与える …… 97
■機動破壊　其の十七
走者とベンチとコーチャーが三位一体となって相手を揺さぶり、巧みに心理戦を仕掛ける。

帰塁は頭から「戻るのではなく、行く」 …… 100
■機動破壊　其の十八
帰塁は頭からが大前提。右足クロスで「一歩走る」イメージの後、ベースの一番遠いところに向かって強く蹴り出す。滑る距離は極力短く。
1人3球けん制が目標 …… 104
［実例 3 岩国戦］
■機動破壊　其の十九
けん制はすればするほど次にする確率は低くなっていく。1回すれば10パーセント、2回すれば30パーセントぐらい減り、3回すればほとんどなくなる。

読むのが難しい場合は、考えすぎずに行く……106
■機動破壊　其の二十
「ここでけん制が来るだろう」と思いはじめると、いつになってもスタートは切れない。材料に乏しいときは、考えすぎないことも大切。

シャッフルのポイント……109
■機動破壊　其の二十一
シャッフルをする際、基本的にはクイックとストレートを基準にしてタイミングを合わせ、緩い変化球に対してはくり返し練習することで対応していく。
盗塁練習❶　段階を踏んでいく……111
■機動破壊　其の二十二
盗塁練習はその日覚えたとしてもすぐ忘れるもの。忘れないように、最初の導入の時期だけは毎日やって身体に覚え込ませる。
盗塁練習❷　根気と数が勝負……114
■機動破壊　其の二十三
成功体験をいかに多くさせるか。反応速度をいかに上げられるか。自信と興味を持たせることが、盗塁ができる選手を育てるための第一歩。

盗塁をするメリットと、盗塁時の打者の心構え……116
■機動破壊　其の二十四

バントを失敗しても、最悪盗塁で1死二塁にはできるという自信がチーム全体にあるため、打者の負担を減らすこともできる。

スタート姿勢へのこだわりと、その練習法……118

■機動破壊　其の二十五
スタートの際、身体が一直線になることで、体重を全部足でつかまえられる状態となり、力強く蹴り出すことができる。

スライディングはひざから下だけで滑り、距離は40〜50センチ以内……124

■機動破壊　其の二十六
滑る距離は短ければ短いほどいい。お尻も絶対に地面につけない。自分の体重を全部受け止めることになり、ブレーキがかかってしまうからだ。

スライディングが上達するためには……128

■機動破壊　其の二十七
ベースの直前で滑ろうとするとお尻はつかない。勢いをつけたまま、いかにベースの近くからスライディングできるかがポイント。

第3章　一塁走者の読みと、高等テクニック

投手のクセは、どこを見ればいいのか……132

■機動破壊　其の二十八

投手が、手から動くか、足から動くか、身体から動くかはまず見る。その他、首の使い方やグローブの動きにも特徴が出やすいので注意して観察する。

データに頼りすぎず、柔軟に対応 …… 135
■機動破壊　其の二十九
試合中は守備が終わって、攻撃のミーティングのときに、最初に出たランナーや一塁コーチャーからの指示でけん制のクセなどの情報を共有。

自チームの投手陣に求めること …… 138
■機動破壊　其の三十
最終的な目的は、「ホームを踏まれないこと」。投手をタイプごとに個別化して、それぞれに求めるものを変える。

甲子園で、プロレベルの捕手と対戦して得た教訓 …… 140
■機動破壊　其の三十一
プロレベルのキャッチャーから、7個も8個も走るのは不可能。だが、勝負所で1球を読んで、そのチャンスにきちんと行ければ盗塁は成立する。

対左投手で効果的なワン・ゴー …… 145
■機動破壊　其の三十二
思い切ってスタートを切ることが大事。積極的に次の塁を狙う姿勢を見せ続けられるか、それがワン・ゴー上達への道。

偽装スタート（偽走）のポイント …… 147

■機動破壊　其の三十三
偽走は誰にでもできるし、バッターの負担になることはない。ボールが甘くなったら、打ちやすくなるだけだからだ。

偽走をやるメリット……151
■機動破壊　其の三十四
偽走をやることによって、1試合通じて相手にプレッシャーを与えることができる。効果的なカウントで偽走することで、リスクも減らす。

ディレードスチールは、なぜ決まるのか……155
■機動破壊　其の三十五
ディレードスチールが決まるか、決まらないかは、相手の捕手の経験や知識によるところが大きい。タイミングよく、思い切ってスタートを切るだけだ。

ディレードスチールの基本と応用……157
■機動破壊　其の三十六
ディレードの基本は、シャッフル、シャッフル、ゴー。スタート前の二度のシャッフルでいかに距離を稼ぐかが大事になってくる。

よりディレードスチールが効果的な場面……162
■機動破壊　其の三十七
ディレードを警戒していた相手は、普通に盗塁されるよりダメージが大きい。「注意していたはずだったのに……」と引きずる分、その後にも響くのだ。

ローボールスタート（軌道スタート）のポイント……164
■機動破壊　其の三十八
軌道スタートは、ワンバウンドを捕手が弾いたのを見てからではなく、捕手にボールが到達する以前にスタートを切れるので、セーフになる確率が高い。

ショートバウンドとハーフバウンドの見極め……166
■機動破壊　其の三十九
ベース前、ベース上はハーフバウンドになる。ワンバンを身体で止めにくるキャッチャーは、ショートバウンドでも行ける。
なぜハーフバウンドはゴーで、ショートバウンドはストップなのか……168
［実例 4 岩国戦］
■機動破壊　其の四十
まず最初は、ワンバンならすべてゴーで軌道を見極める目と勇気を養い、徐々に段階を踏んで判断に入っていく。成功への道は、とにかく数をこなすこと。
一塁走者のテクニック――レフト前、センター前のシングルヒットの場合……171
■機動破壊　其の四十一
全速力で走っていてセンターを確認するのは難しいが、あえてスピードを緩めることによって、野手の動きを確認しやすくする。
一塁走者のタッチアップ――外野フライの場合……174
■機動破壊　其の四十二

落下点に入っている、もしくは完全に追いつけるという追い方を外野手がしている場合は、タッチアップの体勢を取る方が、次の塁を狙うには現実的。

走者一、三塁でダブルスチールを成功させる方法……176

［実例 5 大阪桐蔭戦］

■機動破壊 其の四十三

ホームに投げる距離と時間を少しでも長くするため、アウトになる位置やアウトになる姿勢など、アウトのなり方にもこだわる。

第4章 二塁走者の基本と、高等テクニック

二塁走者のリードは5メートルで、第二リードは9メートル……182

■機動破壊 其の四十四

ノーアウトは二塁まで、1アウトは三塁まで、2アウトは三塁でアウトにならない。1アウト二塁でヒットが出たときに、ホームまで無理しすぎない。

二塁走者のリード時の心得……186

■機動破壊 其の四十五

ただ大きくリードするのではない。あえて相手に見えるように動くことで、心理面に揺さぶりをかける。目が合っているときに、速いけん制はできない。

二盗と三盗の違い……188

■機動破壊　其の四十六
指導者がよく使う「思い切り行け」という言葉。しかし選手の「思い切り」を生む根拠を提示しなければ、なかなか三盗のスタートは切れない。

三盗を成功させるポイント❶　ピッチャーが首を使う回数 …… 189
■機動破壊　其の四十七
「前を向いていたらけん制」で、「首を使ったらホーム」だから、「けん制死はない」という安心感と、スタートする勇気や思い切りも生まれてくる。

三盗を成功させるポイント❷　シャッフルで距離を稼ぐ …… 192
■機動破壊　其の四十八
ショートに「走った」と言わせないようシャッフルで距離を稼ぎ、投球動作に入った瞬間にスタートを切る。

三盗を成功させるポイント❸　足上げスタート …… 194
■機動破壊　其の四十九
何度も続けての二塁けん制はないと決めつけ、思い切ってスタートを切る。距離的には難しいのが三盗。割り切りと思い切りが必要な場合もある。
三盗は賭けではない …… 195
■機動破壊　其の五十
ミスの可能性を極力減らした上で、成功する確率を上げることはできる。リスク管理をした上での思い切り。勝つためにはこれが欠かせない。

相手投手のリズムを崩す……197
［実例❻　山形中央戦］
■機動破壊　其の五十一
相手が警戒して、いつもと違うことをしてくれれば、たとえ走れなくても構わない。走る姿勢でプレッシャーをかけ、相手投手のリズムを崩すのも攻撃。
甲子園でも見せた三盗の秘策――偽装スクイズの送りバント版……200
［実例❼　利府戦］
■機動破壊　其の五十二
野手のスタートがよく熟練されたチームが相手の場合、三塁手にあえて次の準備をさせることで、ベースが空くのを誘う。
二塁走者の走塁❶　2死二塁の場合のコース取り……204
■機動破壊　其の五十三
2死からのスイング・ゴー、2死2ストライクからのストライク・ゴーを徹底することで、本塁を奪う可能性を追求する。
二塁走者の走塁❷　コーナーリング……207
■機動破壊　其の五十四
コーナーリングでは、身体をどれだけ倒せるか。体幹をまっすぐにし、ダイヤモンドの内側にしっかり体重をかけることが大事。
二塁走者の走塁❸　ベースを踏む意識と感覚……211

■機動破壊　其の五十五
ベースを蹴ることによって、もうひとつ加速しようというイメージで回る。普段からそういうイメージを持ってくり返し練習を行い、技術を習得する。

二塁走者の走塁❹　無死二塁、1死二塁で打者が振り逃げの場合……216

■機動破壊　其の五十六
打者振り逃げの際、二塁走者は「絶対にこっちには投げない」と自分に言い聞かせながら、捕手が目を切った瞬間にゴーして、一塁送球間に三塁を奪う。

［実例❽　神村学園戦］

二塁走者の走塁❺　二塁走者から見て右側、サードゴロやショートゴロの場合……218

■機動破壊　其の五十七
三遊間を抜けた打球で勢いよくスタートしたら、その瞬間にスピードを緩めて、レフトがちゃんと捕っているかどうかを確認する。

二塁走者の走塁❻　ピッチャーゴロの場合……220

■機動破壊　其の五十八
ピッチャーゴロの場合、二塁走者は飛び出す。ランダウンプレーに持ち込み、投げさせる場所や距離を考えながら、打者走者を二塁に行かせるまで粘る。

ランダウンプレーでのこだわりと決まり事❶　塁上に走者が2人重なる場合……222

■機動破壊　其の五十九
いつまでもランダウンプレーをさせるというのが攻撃面での約束。長引かせれば長引かせるほど、相手がミスをする可能性も高くなる。
ランダウンプレーでのこだわりと決まり事❷　走者一、三塁の場合……224
■機動破壊　其の六十
走者はただ挟まれるのではない。アウトのなり方を工夫することで、他の走者をアシストすることも考える。
二塁走者の秘策❶　ターンスチールとは……225
■機動破壊　其の六十一
二塁走者の第二リードが大きくて、捕手が『刺せる』と思って二塁に投げる。この瞬間を狙って、戻る動作と見せかけてターンして三塁に進塁する。
二塁走者の秘策❷　ターンスチールが有効な局面……229
■機動破壊　其の六十二
あえて警戒させたり、スキを見せたりすることで、「あのランナー刺せるな」と相手捕手に思わせる。それを利用してターンスチールを仕掛けると有効。

第5章　三塁走者の基本と、高等テクニック

三塁走者のリードとゴロ・ゴー……234
■機動破壊　其の六十三
三塁走者がリードする場所は、ほぼ三塁線上のややファウルゾーン。本塁へ走

る最短距離を取るためだ。ゴロ・ゴーの目標タイムは3秒ジャスト。

ゴロ・ゴーのポイント……236

■機動破壊　其の六十四

三塁走者が好スタートを切るためには、身体が本塁と正対し、つま先が進行方向を向いていることが必須。

ゴロ・ゴーとバックの練習法……240

■機動破壊　其の六十五

［実例 9 神村学園戦・岩国戦］

読みを働かせることで、無駄にアウトになることを防ぐ。リスク管理ができているからこそ、思い切った走塁ができる。

ゴロ・ゴーでの約束事❶　ライナーの場合……243

■機動破壊　其の六十六

サードライナーとショートライナーはゴー。戻っても絶対にアウトになるため、そのまま走って、もし落球すれば1点になる方がいい。

ゴロ・ゴーでの約束事❷　ピッチャーゴロ、キャッチャーゴロの場合……244

■機動破壊　其の六十七

不規則回転やどん詰まりの打球など、試合でしかない予想外の打球は、意外と実戦では起こる。そんな打球に対応するためにも、練習は実戦形式が基本。

ゴロ・ゴーの応用と、三塁走者のスライディング……246

■機動破壊　其の六十八
三塁走者のスライディングは、ホームから始めるイメージ。ホームを突き抜けて、その先まで滑るつもりで、スピードを落とさないよう意識する。

スクイズの注意点と秘策……248
■機動破壊　其の六十九
スクイズで大切なのは観察力。捕手の動きなどを見て、いかに何かを感じ取ることができるかが重要。

セーフティースクイズを成功させる方法……250
■機動破壊　其の七十
セーフティースクイズでも、走塁の技術を上げることが打者の負担を軽くし、バントも決まりやすくなるなどのいい結果につながる。
2ランスクイズのポイント……252
［実例 10　今治西戦］
■機動破壊　其の七十一
2ランスクイズで、まず二塁走者は最初のリードを大きく取る。本塁を狙える材料がいくつか揃えば、あとは思い切りよくスタートを切るだけ。

第6章　走者の心得と、応用プレー

複数走者がいる際の後ろの走者の心得……256
■機動破壊　其の七十二
複数走者がいるときは、あくまでも前の走者が優先で、後ろの走者は無理をする必要はない。あわてずに前の走者の動きを確認することが大切だ。
走者の約束事❶
走者一塁から、ヒットエンドランで右中間または左中間寄りのシングルヒットの場合……258
［実例 11 天理戦］
■機動破壊　其の七十三
シャッフルを有効に使って距離を稼いでおき、相手の野手が緩慢な動きを見せた場合は、思い切って本塁を狙う。成功率は非常に高い。
走者の約束事❷　フライが上がった場合……261
■機動破壊　其の七十四
フライで野手が落下点に入れば、多少浅くても常にタッチアップを狙う。相手が油断してスキを見せれば、すかさず次の塁を目指す。

打球判断のポイント……264
■機動破壊　其の七十五
ボールを目で追いかけていると野手の位置がわからない。ボールと野手の両方を追いかけることはできないため、野手の動きを見て打球を判断する。

練習の積み重ねで、打球判断は養われる……267

［実例 12 山形中央戦］
■機動破壊　其の七十六
帰塁や盗塁といった走塁の技術は一度習得してしまえば忘れないが、打球判断は感覚的なもの。だからこそ、練習に時間を割く必要がある。

打球判断──走者一、三塁の外野フライの場合……270
■機動破壊　其の七十七
外野手の守備位置、フライが飛んだ位置、外野手の捕球体勢など、さまざまな情報を総合的かつ瞬間的に判断し、臨機応変なプレーで対応する。
送球の高低でも次塁を狙う……272
［実例 13 桐生第一戦］
■機動破壊　其の七十八
試合では相手がありえない悪送球をする場合も多い。走者はタイムリーでガッツポーズなどしている暇はない。次の塁を狙えるチャンスは常にあるのだ。

ハプニングでの臨機応変な対応……274
■機動破壊　其の七十九
実戦でスキを突く好走塁を生むためには、普段からの練習が必要。これは、守っている選手も含めたチーム全体の意識と協力が不可欠。

状況判断を養う実戦練習……275
■機動破壊　其の八十

場面、状況、点差によって、やるべきことは変わってくる。何も考えずにただ前の塁を狙うだけなら、一見前進をしているようで実は〝思考停止〟だ。

勝負所における投手の走塁 …… 277

■機動破壊　其の八十一

投手に走塁をしっかりやってほしいのは勝負所。大事な場面で「投手の走塁で負けた」という状況だけは作らないよう、投手も走塁練習は行う。

コーチャーの役割と重要性 …… 279

■機動破壊　其の八十二

一、二塁走者には、いかに先の塁を狙わせるか。三塁走者にはいかに無駄にアウトにさせないか。これが三塁コーチャーの一番の仕事。

トリックプレーのコツ …… 282

■機動破壊　其の八十三

トリックプレーのコツは、2人の走者がいて、後ろの走者をどう使うか。後ろがおとりになる。後ろの走者にいかに目を行かせるかがポイント。

レギュラーは走れる選手を優先するのか …… 285

■機動破壊　其の八十四

塁に出たら自分のできる精一杯のことをやって、打者が打ちやすい環境を作る。けん制を多くもらうなど、足が遅くても機動破壊には参加できるのだ。

第7章　データ活用と打撃のポイント

投手のクセを見る3つのポイントとは……290
■機動破壊　其の八十五
投手は、走者がいてセットしたときに、けん制を投げるかホームへ投げるかだいたい決めている。セットの入り間隙は、特に球種のクセが出やすい。

球種がわかれば盗塁できる……292
■機動破壊　其の八十六
捕手のサインはだいたい決まっているため、球種がわからなくてもコースはわかる。捕手の右ひじが上がればアウトコースで、逆ならインコース。

ルールと野球用語の徹底……294
■機動破壊　其の八十七
同時セーフ、つまりセイムタイムの帰塁を目指すぎりぎりのリードを取っていないと、高いレベルの走塁などできない。

セイバーメトリクスの活用……296
■機動破壊　其の八十八
セイバーメトリクスは、打率や安打数といった目立つ数字の裏に隠れた、意外なデータを浮き彫りにしてくれる。
ドラフト1位　前橋育英・高橋光成投手の攻略法……300

■機動破壊　其の八十九
消えていくような変化球を持つ超高校級の投手に対しては、徹底的に「打たない攻略法」もある。打てない＝勝てないではないのだ。

アナリストとしての本分と醍醐味……304
■機動破壊　其の九十
蓄積された膨大なデータと豊富な体験から絶対的な自信が生まれ、相手のデータや傾向、クセなどを徹底的に分析する孤独な作業から、確信が生まれる。

勇気を持って、文章として形に残す……307
■機動破壊　其の九十一
チームを勝たせたい、自分の頭に浮かんだものを形にして提供したいという使命感から、勇気を持って文章に残し、断定した表現で選手たちを導く。

打撃があってこその走塁……309
■機動破壊　其の九十二
いくら走塁練習をしても、打てなければ意味がない。塁に出なければ走塁を披露する機会がないし、外野守備が浅いと走者二塁から本塁も狙えないからだ。

打撃における注意点……312
■機動破壊　其の九十三
高めとアウトコースのまっすぐはしっかり打てるようにする。高低の見極めを訓練し、空振り三振をしないようにする。

終章　指揮官の心得と、機動破壊の将来

序章
機動破壊とは

機動破壊の夜明け

機動破壊――。

聞き慣れない言葉が目に飛び込んできたのが、2012年の春だった。センバツに初出場する健大高崎を紹介する記事に、この4文字が使われていたのだ。『報知高校野球』では「機動破壊で挑む2季連続甲子園」と大見出しがつけられ、記事中にも「『機動破壊』を旗印にした走塁技術が相手の裏や、そのもうひとつ裏もかき、単独スチール、エンドラン攻勢と自由自在だ」と書かれている。

実は、この言葉は造語だ。つくったのは葛原毅《くずはらつよし》コーチの父で、健大高崎では主にデータ分析をするアナリストとして活躍する葛原美峰《くずはらよしたか》コーチ（※わかりやすくするため、以後、本書では毅コーチを葛原コーチ、美峰コーチを葛原アドバイザーと表記）。愛知・東邦出身で、東邦でコーチ、愛知・杜若《とじゃく》で監督、三重・四日市工でコーチを務めたベテランがあたため続けていた言葉だった。

「杜若では監督を14年間やったんですけど、私学4強（中京大中京・東邦・愛工大名電・享栄）が王者で、今の大阪桐蔭みたいな雰囲気でした。何回やってもはね返されるので、攻撃の中の分野をもういっぺん掘り起こしてみようと。機動力というのは、攻撃の中に入るじゃないですか。そこの部分なら何とかやれるなということで、ルールブックを読んだりしながら、盲点を突いたりとか、偶然起こったプレーを意図的にやれないかとかいろいろ考えたんです。弱者の戦法？　そういうことです」

四日市工は強打を売り物にしていたため、しばらく機動力は封印していたが、あるとき、再び必要性に迫られた。

「強力打線でやってるうちはよかったんだけど、バッティングが落ちる年の選手たちのときに、このままではいけないなと。杜若でやっていたのをここでやろうと思って、尾崎（英也監督、現いなべ総合監督）さんに『B戦を任せてくれ』と言いました。2005年のチームだったんだけど、そのときのBチームで初めて〝機動破壊〟という言葉を（選手に配る）プリントに載せて、スローガンにしたんです。『今日はこういうことをやる』と書いたプリントを配っておいて、塁に出たらアウトになっても3球目までに走るんだとか、決め事をして臨みました」

葛原アドバイザーは自身で独自のデータを集計し、受け持ったチームごとに標準値を100として打率、長打、三振、失策など8項目の数値を出しているが、そのときのBチームの盗塁指数はなんと277という数字が出た。Bチームとはいえ、3倍近い効果。それを選手たちに示すと、予想以上の反応があった。

「今の選手は難しいけど、数字にはやけに素直なんですよ」

数値で有効なことが証明されれば、選手たちもやる気になる。これで手応えをつかんだ葛原アドバイザーだったが、健大高崎でもすぐに導入というわけにはいかなかった。07年に息子である葛原コーチが就任したのを機にたびたびグラウンドに顔を出すようにはなったが、当時の健大高崎の野球は中心選手の能力に頼るオーソドックスな野球。機動力野球とはほど遠かったからだ。

敗戦を転機に

転機は10年の夏。優勝候補といわれた健大高崎だったが、群馬県大会準決勝で前橋工に延長11回の末、4安打しか打てずに0対1で敗れた。健大高崎の青柳博文《あおやぎひろふみ》監督は、この試合を振り返ってこう言う。

「延長11回裏に1死二、三塁になって、3番の明石（大基）に打たせたんです。今だったらスクイズしたと思うんですよね。まず追いつくことを考える。でも、あの頃の私はバカだったから、そのときに一気に逆転しないと勝てないと思っちゃったんですよ。あそこで継投の頭があれば、パッと代えられたと思うんですけど、控えのピッチャーを信用していなかった。今だったら勝たせてあげられたかなと思います」

その頃の健大高崎の野球は「打て、打て」。確かに打てる素材は集まっていたが、その春のセンバツに出場した前橋工の平井東にはピタッと抑えられた。抑えられたときの策はなかったため、打てなければ終わりだった。青柳監督は続ける。

「まず追いつかないと始まらないですよね。今の私は、選手たちを信頼はしてるけど、信用はできない（笑）。そのときは、選手たちを信頼、信用しすぎちゃってたんですよ。3番の明石は打てる方で、4番の森山（彰人）が打ててなかったんでね（高校通算56本塁打の大砲も、この大会は20打数1安打の絶不調）。そこで勝負にいっちゃった。

スクイズしておけば、楽になって森山だって打ったかもしれない。0点で負けるっていうのは監督の力ですよね。2、3点取って負けたんならしょうがないっていうのはありますけど」

結果的に明石はファウルフライ、森山はボール球に手を出して三振。「あそこで一本出ていれば……」と言う人もいる。選手に力がなかったのだと言うこともできる。

「それは間違ってますね。0点で負けるのは監督の力以外何ものでもないでしょう。でも、昔はそう思わなかったかもしれない。若かったしね。あのチームは準決勝までの4試合で32点を取った。北島（未来、エース）も森山もいて、勝てるチームだった。あのときに今みたいな細かい野球をやっていれば、優勝した前橋商にも勝ったかもしれない。

青柳博文監督

あの頃は私の経験がちょっと足りなかったですね。策がなくて、素質に任せると負ける。高校生は指導者サイドである程度、道筋を立ててあげないといけないですね」

打てないときにどうするか。打てなくても勝つためにはどうするか。それを考えているときに届いたのが、葛原アドバイザーからの手紙だった。葛原アドバイザーは言う。

「切々と自分の中にあった思いを書きました。『やはり1―0で負けるのは監督の責任だと思う』と。青柳監督には申し訳なかったけど、こういう野球（機動力野球）もあると提案したんですよね。『あの試合を観ていても、機動力を使っていたらおそらく0点にはならなかった。もしも気に入らなかったら、自分を（グラウンドに来るなと）斬ってもらってもいいし、手紙を破って捨ててもらってもいい』と。そうしたら、監督は『やってくれ』と」

機動破壊とは疾風迅雷、波状攻撃そしてセオリー破壊

ここからチームは方針転換。機動力を前面に出す走塁を重視したチーム作りに変わった。練習から徹底して走塁にこだわるとともに、葛原アドバイザーが力を入れたのが〝イメージ戦略〟だった。〝機動破壊〟というインパクトのある言葉を掲げ、マスコミに

発信することで印象に残りやすくする。周囲に「走塁のチームだ」と刷り込むことで、戦う前から相手が余計な神経を使ってくれればいい。そんな狙いがあった。造語をつくった理由を葛原アドバイザーはこう語る。

「ひとつは、言葉の持つ力です。人を惹《ひ》きつける言葉には衝撃と神秘性が混在している。最初に目にしたときのインパクトと、耳に残るミステリアスな響きによってイメージをかきたてようと。もうひとつは、旗印として掲げることによって相手は勝手な先入観を抱くことになる。そうなれば、必然的に見えない敵と戦わなければいけなくなりますから。心理戦を展開するためには使えるなと」

翌11年の夏。群馬県大会記録（当時）となる6試合28盗塁をマークし、甲子園に初出場。開幕試合での2ランスクイズで機動力野球の印象を与えると、連続出場した12年のセンバツ前の取材からは、青柳監督が積極的に「機動破壊」の4文字を使用。それとともにマスコミに取り上げられるようになった。

「機動破壊という言葉を使ったのは、センバツが決まったときに発売された雑誌からなんですね。それからは、文章にも最初に機動破壊って常に入れたんです。アンケートなんかにも機動破壊、機動破壊って答えて（笑）」（青柳監督）

そして、甲子園では初戦から3試合16盗塁と走りまくってベスト4進出。これで「機動破壊」は一気に全国区となった。さらに、14年夏の甲子園でも大会記録まであと3つに迫る1大会26盗塁でベスト8進出。1番打者の平山敦規は１９２１年以来、93年ぶりに大会記録に並ぶ1大会8盗塁をマークしたことで、「機動破壊」のインパクトは絶大なものになった。

だが、現在の「機動破壊」はやや誤解されている感がある。マスコミもファンも「機動力＝盗塁」としかとらえていないからだ。インパクトを与え、数字にも残るのは盗塁だが、実は記録に残らない走塁、足を意識させた戦い方にこそ〝機動破壊〟の真骨頂がある。葛原アドバイザーは言う。

「言葉が過激っぽいから、木端《こっぱ》微塵《みじん》にふっ飛ばすみたいなイメージがあるじゃないですか。でも、自分が思っているのは心理戦。砂浜に作った城が、何回も何回も打ち寄せられる波によって崩れていくという破壊なんですよね。木端微塵ではなく、浸食していく。心理戦でだんだん追い詰めていくというのが骨子なんです。疾風迅雷、波状攻撃という意味。誤解されがちなのは、機動破壊＝盗塁みたいにとらえられるところ。

自分の中では、盗塁の占める割合は１００のうち30パーセントぐらいなんですよ。目に見えない走塁、スコアに載らない走塁が一番なんです。盗塁ゼロだから機動破壊できなかったのではなく、走らない機動破壊もある。走らないから機動破壊を封印していると思ってもらう方が、こっちは楽なんですけどね。

もうひとつは、機動破壊＝セオリー破壊。セオリーというのは、みんなが同じことを

葛原美峰コーチ（アドバイザー）

思っているということ。野球界ではセオリーと言えば、みんなが納得します。いわば、魔法の言葉ですよね。逆に言えば、みんながやることをわかってるわけだから、推理小説を逆から読んでいるのといっしょ。犯人がわかってるのにつかまえられないのは、おかしな話でしょう」

走塁は心理

チーム作りの柱となる走塁指導を任されているのが、息子の葛原コーチだ。現役時代は四日市工で主将・一塁手兼投手。99年神宮大会決勝では敦賀気比の内海哲也（現読売ジャイアンツ）と投げ合った末に優勝し、00年センバツにも出場している。国士大では学生コーチを経験し、卒業後も2年間コーチを務めた。現在はかなり細かい部分の走塁までこだわる葛原コーチだが、意外にも現役時代は走塁に興味がなかったという。

「強打のチームだったんですよね。私が高校の頃は、必ず打てるもんだと思って試合をやっていましたから。ランナーを送ってさえいれば、3、4番が必ず打ってくれるという信頼がありましたし、欲しいときに一本が出たチームだった。だから、走塁の重要性に気づかなかったんですね。私は50メートル6秒7が一番速いタイム。自分がした盗塁は2アウト一塁でアウトになっていいとき。あるいは、ダブルスチールで金魚のふんみたいに一塁ランナーでついていくとか、一、三塁で投げてこないのがわかっていて二塁に走るとか、数字に残したら申し訳ないような盗塁しかしてなかった。勝負をかけるなんてとんでもないという感じでしたね。だから、走れない人の気持ちは十分わかります。でも、大学野球はホントにピッチャーが上じゃないですか。1点を取るのが難しいので、何とかしてひとつ塁を取っていかなきゃダメ。単純にひとつ走って先の塁を取れないと、点は取れないと思い始めましたね」

当初は盗塁に目が行ったが、徐々にそれが走塁に変わっていった。そして、現在は走塁に力を入れる指導者の中でも珍しいことを口にするようになった。

それが、「走塁は心理」という言葉だ。

「機動破壊というのは、心の部分を揺さぶっていって、総合的に得点につなげていくということ。よく走塁の形とか、スタートの切り方とか聞かれますけど、そこは我々よりもっと詰めて考えているチームがあるのかなと思っています。私の場合は、技術よりも判断とか心理の方が先行しているタイプですね。

コンセプトとしては、ランナー一塁で攻めるということ。誰が塁に出てどうとかではなく、ランナー一塁で攻めることが、もっとも得点につながるパターンだと考えています。ウチとやるとピッチャーは盗塁を嫌がって制球が乱れる、ピッチャーが気を抜いたら盗塁、盗塁を嫌がってクイックを速くすればフォアボール、フォアボールを嫌って投球がストライクゾーンの中へ中へ入ってくれば各バッターがそれを見逃さない。

盗塁はひとつの方法論ですよね。走塁の中で盗塁は一番派手なもの。数字にも表れますし、記者の方もそこにこだわる人がいるんですけど、私は走塁における割合としては、盗塁も他もすべて同じで均等に考えています。走塁の中のひとつとして盗塁があるという考え方でやっているので、『盗塁ゼロで、今日は封じられましたね』と言われる意味もあまりわからなかったりします。何を目的にしているのかといったら、勝つことが目的。盗塁をしてなくても勝ったんだとすれば、すべて大成功なんです。盗塁はできなかったかもしれないけど、その裏に隠れているものを考えていくと、細かい走塁がポイントになったというのは試合の中で結構多かったりします。

選手たちにとっても、盗塁は数字として出る分、導入としてはわかりやすい。だから、そこにこだわるようにミーティングしていることも確かなんですけど、結局、最終的な目的は勝利に結びつけること。盗塁ができなかったからといって、『今日は機動破壊できなかった』というわけではないと思っています」

相手が盗塁を意識することによって、外のストレートが多い配球になったり、けん制を多く入れすぎてリズムを崩したり、クイックを速くしようとして球威が落ちたり、制球を乱したりという効果が期待できる。走らなくても、走者としてリードを取っているだけで意味が出てくる。また、イメージが定着した近年は、健大高崎との試合だけ捕手を代えてきたり、健大対策で肩のいい選手を捕手にコンバートしたりするチームも出てきた。これこそ、まさに走らずして相手を崩す機動破壊だ。

「今はキャッチフレーズ（機動破壊）と先輩たちが残してくれたものによって、どこと試合するときでもいい意味で響いてきます。『今日、機動破壊やったんですか？』と聞かれますけど、『やる前からやってますよ』という感じなんです。それをうまく使っていくだけですからね。

極端にクイックを速くしてくるピッチャーもときにはいます。でも、その選手は身体の開きが早くなってボール、ボールとなることも多いので、行く必要がない機動破壊もあると思いますね。そういうピッチャーに当たったときは『今日は盗塁ゼロですけど、その分、フォアボールもらってますよね』ということ。行く必要がないのに行くことはない。行かなくて勝てるんだったら行かなくていい。それでも相手が盗塁を気にしてくれたんだとすれば、『機動破壊』というのをしっかり使って勝利したという形になると思います」

機動力野球

葛原コーチが健大高崎にやってきたのは07年。当時の健大高崎はオーソドックスな野球スタイルだったが、指導を任されたBチームで大学時代に必要性を感じた機動力野球を導入した。

「青柳監督に『好きにやっていい』と言っていただいたのでやりました。健大にきてすぐ、3月上旬に前橋商業のBチームと試合をしたんですけど、そのときに7盗塁しました。0―1で負けたんですけどね（笑）。でも、選手たちはホント楽しそうにやってました。

その頃の群馬県はコツンという（送りバント）から始まる県だったので、前商も免疫がなかった。左ピッチャーで『あれだけ上手に一塁ランナーが帰塁したら、盗塁はないと思ってるだろうから次は行くぞ（盗塁を狙っている場合は、けん制の際に走者が逆を突かれるような動きが出るため）』とか『さっき2球目に行かれてるから、今度は2回けん制してくるぞ』とか、解説しながらサインを出していて、結果が私の言葉通りになっていたので、それが妙に信憑性があったらしく、そこからBチームの選手たちは虜《とりこ》

葛原毅コーチ

になっていった感じはありましたね」

だが、彼らもAチームに上がると、出塁してもサインが出ない。その結果が、10年夏の前橋工戦の0対1の敗戦だった。そして、その試合を機に機動力野球のチームへと方針転換することになる。

「Bチームで仕込みはある程度できていたし、そのときのAチームは足があったんですよね。歴代で一番足が速かった。1番の小池優太郎、2番の湯本天夢が6秒0、4番の門村鴻輝も6秒台前半、6番の柳沢潤也も5秒台、8番の宇野遼介も速かった。スタメンだけなら、50メートル平均6秒台前半だったと思います。今と比べると粗削りでしたけど、単純にスピードがあったので成立するケースが多かった。それプラス群馬の他のチームに免疫がなかった。対応の仕方を知らなかったのもあると思います」

その結果が、夏の群馬県大会記録(当時)となる6試合28盗塁。ノーシードで臨んだこのチームが、創部10年目で初めてとなる甲子園出場をもたらしたことによって、〝機動破壊〟の歴史が始まった。今や、オフともなれば、全国各地から指導者が走塁を学ぼうと足を運ぶ。健大高崎のグラウンドが、新たな機動力野球の聖地となっている。

健大高崎の走塁練習の肝は、入学直後に〝叩き台〟となる型を覚え込ませること。群馬県では若駒杯と呼ばれる1年生大会が5月に行われる。地元紙がカラーで報道するため、選手たちのモチベーションも上がりやすい。それを利用して、その大会までに走塁の基本的な考え方や基礎を学ぶのだ。ここで型を身につけてしまえば、あとは少しずつ味付けをしたり、アレンジをしたり、微調整をしたりすればいい。この最初の段階で時間をかけるところがポイントなのだ。

実は、14年夏のチームが、機動破壊の攻撃が完全にできるようになったのは夏の大会からだった。春の大会で走塁が使えずに負けたことで、夏までの2ヵ月間、徹底して走塁練習をした。大会直前の集中練習で飛躍的に伸びたのは、やはり最初に身につけた型があったから。これがなければ、短期間での急成長はありえない。

では、健大高崎ではどんな指導をして、どんな練習をしているのか。次章からは、一塁、二塁、三塁の走者別や状況別など、具体的に葛原コーチの走塁理論と指導法を紹介する（特にことわりがない限り、「　」は葛原コーチの言葉）。

第1章

走塁体質のチームを作るためには

指導者の意識

「健大高崎って、足の速い選手がいっぱいいますよね。ウチはいないですから……」

健大高崎の野球に興味を示す指導者は多い。だが、自分たちには無理だとあきらめている指導者も同じぐらい多い。やりもしないうちから、できないと決めつけているのだ。これでは、走塁のチームなど作れるはずがない。

「『チーム内に足の速い選手がいないんです』とよく言われるんですけど、今まで練習試合をしてきたチームで、1人も足の速い選手がいないチームは見たことがない。1人はいませんか？　50メートルを6秒台前半ぐらいなら1人はいますよね。その選手を軸にして、全員が速いように見せることは可能だと思います。足の速い選手のウエイトがすごく高くなりますけど。その選手が起点になって、次に出たランナーがウロチョロやっていれば、実際に走っているのは1番だけであっても、全員走るようなイメージに見えてくると思います。

ウチだってそうじゃないですか。1、2、3番で稼いで、あとは1個、1個、1個……。それでも1大会チーム通算25個ぐらい走ってるんですよね。1個ずつしか走っていない選手は、仮に1番バッターだったとしたら、盗塁ゼロの選手たちです。1、2、3番がいるから他が生きる。『全員走ってきそう、全員速そう、全員速い、ホント速い』とよく言われるんですけど、ホントは速くないんですよ。下の選手たちは50メートル6秒台後半。それでも、みんな走ってくるように見えるのは、1、2、3番が数で示してくれてるのもあるし、1、2、3番が走ってるから、キャッチャーが無理だと思ってあまり投げてこなくて、ホントは走れるようなランナーじゃなくても、成功するパターンが結構あるんですよ。一度行けると、ずっと行ける流れができちゃうんです。もともとの足がウチよりも速いチームは、甲子園にもっといっぱいありますよ」

２０１４年のチームでいうと、夏の群馬県大会はチーム35盗塁中、1番・平山敦規が2、2番・星野雄亮が7、3番・脇本直人が11と3人で20盗塁。他の6人は合計15盗塁しかしていない。28盗塁した11年夏のチームも1番の小池優太郎が4、2番の湯本天夢が6、6番の柳沢潤也が5とチーム内の俊足上位3人で15盗塁。残りの6人は合計13盗塁だ。この中には一、三塁の一塁走者やダブルスチールの後ろの走者の盗塁も含まれているため、3選手以外は実質1人あたり平均1~2個だ。

「6秒3だとかなり速いと思いますよ。理論を持って、しっかりスチールをやれば十分だと思います。特にやり始めのときは、他のチームはそんなに走ってくると思ってないですよね。そういう場合は、かなり成功すると思います。ディレードスチールなんて1

00パーセントですね。やったことのないチームがいきなりやれば、絶対に成功します。左ピッチャーのワン・ゴー（※後述）だって成功します。もちろん、いずれ慣れてくるので、その後何年も続けていくにはいろんなものが必要になってきますけど、やり始めを考えれば、対応してくるバッテリーは少ないと思います」

できないのではなく、やらないだけなのだ。やってみれば、意外とできることがわかる。やるからこその発見もある。1人でも足の速い選手がいれば、まずはやってみるべき。指導者が「できる」と思うこと。「走塁のチームを作る」と決めること。まずはこの強い思いを持つことが出発点だ。指導者の意識がすべてを決める。そう肝に銘じて、これから読み進めていっていただければと思う。

機動破壊　其の一

指導者が「できる」と思うこと。「走塁のチームを作る」と決めること。まずはこの強い思いを持つことが出発点。

選手への意識づけ「盗塁は得――」

入学してきた選手たちは、まずミーティングで走塁に対する意識を植えつけられる。近年は「健大高崎＝走塁のチーム」と認識して入学してくる選手が増えたが、それでも走塁を教わってきている選手は少ない。走塁の重要性を知り、価値観を変える意味でも最初のミーティングは重要な場になっている。葛原コーチは言う。

「入ってきた選手たちに、『今までノーアウト一塁でどういう野球をやっていたの？』と聞くと『送りバントです』と答えます。『何で送りバントなの？』と聞くと『セオリーだからです』と。そこでタイム的な話をするんです。簡単に言うと、『一塁ランナーはセカンドまで3・5秒かかる。ピッチャーのクイックが1・5秒でキャッチャーの送球が2・2秒なら、3・7秒かかるけど、それでも送りバントなの？』と。それでも、最初は送りバントと言うんです。『どうして？ 3・5秒対3・7秒だけど？』と言うと『アウトになるかもしれないからです』と。『いやいや、アウトにならないんだよ』というやりとりをして、『それなら走ってもいいいんじゃないの？』と。

何で盗塁をしないのか聞くと、『一か八かの賭けだからです』と言うんですよね。『3・5秒対3・7秒で絶対勝てるとわかってたら、一か八かじゃなくなるよね。必ず成功するんだから』と。ハッタリも半分入れながら、選手たちをそっちの方がいい、得なんじゃないかという意識に変えていく。これがすごく大事だと思います」

盗塁は得――。そう思わせるのに有効なのが数字だ。盗塁阻止率は、プロ野球でも通算の歴代最高記録が古田敦也（元ヤクルト）の・462。盗塁を阻止するには投手の技術も必要だとはいえ、日本一の強肩捕手でも半分以上は走られる計算になる。青柳監督は言う。

「簡単に言えば、盗塁阻止率は5割もいかないんだから、確率が高いことをやった方がいいですよと。これが少年野球なんかだと、ほとんどアウトにならないですから。確率が高いことの練習、作戦を行った方が勝ちにつながりますよね。確率の低いことをいくら練習しても時間の無駄じゃないですか。だから、作戦面においても成功する確率が高いことからやった方がいいと思うんですよね」

盗塁は成功する確率の方が高い。この客観的な事実を伝えるだけでも、とらえ方は変わるはず。盗塁阻止率が低い捕手に刺されたのなら、明らかに自分に問題がある。何が足りないのかを本人が考えるきっかけにもなる。

そうして走塁へ意識を向けさせてから、新入生はリードの練習から始める（P80参照）。1年生大会が行われる5月までは、練習の6割は走塁に占められる。毎日走塁の練習をするため、意識の低い選手ややろうとしない選手はいないが、できない選手は出てくる。葛原コーチは言う。

「1年生大会でも上位の選手たちはできます。できなかったら、その時点では試合に出られないですね。1年生大会が終わってB戦になると、できる選手はAチームに上がるため、できなかった選手たちが残ります。B戦の試合に出る9人に限定されますけど、何とか走塁ができるようになるまでやっていきますね」

3年生が引退すれば、Aチームに上がれるのはBチームの走塁ができる選手。BからAに抜けた分、またBで走塁のできる選手を作っていく。突出した何かがない限り、基本的に走塁ができなければ試合には出られない。そのため、選手は必然的に走塁に必死に取り組まざるを得ない環境になっている。

意識を変え、自信にしていくには成功体験が必要。練習試合では盗塁に関して課題が与えられることもある。青柳監督は言う。

「失敗する選手はやっぱり決断が鈍いんですよね。だからウチは練習試合ではだいたい3球以内に走らせてるんですよ。そこで走らないとか、けん制死を恐れてリードが小さくなったりとかは厳しく注意します。今はもう、走らなかったらすぐに代えちゃうんですよ。ヒットを打って塁に出ても、1球、2球、3球待ってもうダメだと思ったら、すぐ代走を出しちゃう。それでまた走塁練習やり直しっていう感じですね」

機動破壊　其の二

盗塁は成功する確率の方が高い。この客観的な事実を伝えて、練習試合では3球以内に走らせる。

1試合5盗塁が目標

大会中はあえて目標を掲げ、その数字にチャレンジさせる。記録をモチベーションにするためだ。2014年の夏は、11年の夏に健大高崎が自ら作った県大会28盗塁を破ることをノルマにした。青柳監督は言う。

「大会前に『盗塁の新記録を作ろう』と言ったんです。群馬県記録を抜こうと。『まずそれを抜かないと、甲子園には絶対に行けないよ』と選手に言い続けたんですよね。大会中も常に盗塁の数を意識してやってきたんです。この試合いくつだった、あといくつだって。それで、その結果として記録更新できたわけです。

何でも目標を持って取り組むことが、選手がひとつになる大きな要素かなと感じました。どんなことに対しても、やっぱり目標設定をしっかりやって取り組んだ方がいいなというのは強く感じましたね」

群馬県記録を大幅に塗り替える35盗塁を記録して優勝すると、さらに甲子園でもこの方針を貫いた。

「記録を抜くという目標を持ってクリアできたんで、やっぱりこの野球をしなければウチじゃないなっていうね。周りもそれを楽しみにしてますから。まあ別に周りのために走るわけじゃないんだけど、その野球を貫くことがウチの勝利につながるということなんですよね。もう毎回、1試合5盗塁を目標にやっていました。だから、その目標をクリアしないと勝てないよという話をしてたんですよ」

結果的には岩国戦で4、利府戦で11、山形中央戦で7、大阪桐蔭戦で4と4試合で26盗塁。ほぼノルマを達成する走りっぷりで、2014年夏の甲子園はベスト8に進出した。

だが、実はその裏で、14年夏のチームはこんなことがあった。春の県大会準決勝で樹徳に8対11で敗戦。3本塁打が出るなど、冬に取り組んだ打撃強化の手応えを得たことで、選手たちは走塁への意識が薄れてしまっていた。敗戦後のミーティングでも、選手たちで話し合った内容は「なんとしても脇本につなごう」というものだった。

しかし、樹徳戦の敗因は盗塁を含めた走塁が使えなかったこと。このままの状態で夏を迎えても、春の二の舞になると感じた葛原コーチは、終わりかけたミーティングの最後に口を開いた。

「じゃあ、君たちは1番の平山が塁に出て、しっかり2番が送って、1アウト二塁から3番脇本勝負でいいな？　今年は、盗塁はなしでいくという決定でいいか？　無理して走っても脇本につなげないから、しっかり送る。今年に関しては、走塁はしないでいいんだな?」

言葉の出ない選手たち。シーンとなったところで、葛原コーチが続けた。

「オレは、今年は行ける年だと思っている。流行りだってそうでしょ。髪の毛も長いのがいいって言ったり、短いのがいいって言ったり。靴下も長いのがいい、短いのがいい、ズボンもダボダボがいい、ピチピチがいいって言ったり。流行りっていうのは、ぐるぐる回ってるんだよ。機動力が流行ったのが3年前でしょ。高校野球でいったら3年が1クールなんだよ。なんでかっていったら、3年で選手たちが替わるから。だから、3年前に機動力が出たときのことを知ってる選手たちは、今の3学年にはいないんだよ。今年はできる。30個走れるよ。30個走って脇本につなげばいいじゃん」

選手たちをその気にさせる、ハッタリの入った言葉だったが、この言葉で、今年は走塁でいく、積極的に盗塁もするという結論になった。

「ただし、『一瞬でも抜いたら、走塁でいくのはやめよう』と。『内野ゴロで駆け抜けをしっかりしないとか、フライを打って途中で走るのをやめるとか、そういう単純な当たり前のことをやらないんだったら、0・1秒の追求は無理だから』と。そこだけは約束して、その代わり失敗してもいくらでも教えるからという感じで走塁練習に入っていきました。それからは、ずーっとストップウォッチを持ちっぱなしです」

その結果、夏までの2ヵ月で劇的に走塁技術が上がった。いくら〝機動破壊〟を掲げていても、選手たちはどうしても打ちたいと思うものだ。打てる力があればなおさら色気が出る。そこでいかに走塁に目を向けさせるか。力があればあるほど原点を忘れがちになる。そのとき指導者がぶれずに徹底させることができるか。内野ゴロでの全力疾走など当たり前のことをできないで、より難しい走塁・盗塁ができるわけがない。このときの意識づけがなければ、甲子園ベスト8の快進撃もなかった。タイミングを見計らっての言葉がけ。これもまた選手に意識づけをするために欠かせないことなのだ。

機動破壊 其の三

「1試合5盗塁」「盗塁の新記録を作る」などの具体的な目標と、「内野ゴロでの全力疾走の徹底」など選手への意識づけが重要。

行く勇気

健大高崎の選手を見ていると、警戒されていても1球目からどんどんスタートを切ってくる。あれを見て、「なぜ、あそこまで思い切って走れるのか」と思うだろう。それにはまず、指導者が背中を押してやることが必要だ。失敗しても怒らないと決める。我慢する。これがなければ、選手たちはアウトを怖がってしまう。青柳監督は言う。

「選手の迷いがなくならないと決断が鈍る、盗塁できないということは確信しています。けん制が来ないと思って走らせても、監督のサインだと選手の思い切りが悪いんですよ。やっぱり自分自身の意思で走らないと。だから、選手たちが思い切ってやりやすい環境を作ってやることが大事かなと思います。

常に頭にあるのは、選手が力を発揮するために自分は何をするべきかということ。だから自分が我慢することによって、選手が力を発揮できればいいですし、走塁において、選手の迷いがないことが一番いいと思うんですよ。バッティングもそうですけどね。

それが常に私の中にはあるので、そのためには何でも我慢できるんですよ。長年監督をして、やっぱり最初の頃より今の方が我慢できるようになったと思います。もとは気が短いんですけどね（笑）」

もちろん、練習では厳しく指摘する。だが、試合のときはほとんど言わない。特に公式戦では、積極的な走塁は一切おとがめなしだ。

「大会では力が発揮できなくなるんですよね、選手を怒ると。本当にもう極端に変わります。練習でもそうですけど、私がかなり言い始めると本当に萎縮するんですよ。すごくそれを感じるので、公式戦ではそれだけはしない。あとは選手もわかっているんで、大会では本当にのびのびやってますよ」

大会が近づいてくると、練習試合でも怒らない。公式戦と同じ環境でやることで、本番で〝特別感〟を出さないようにするためだ。

「選手もね、やっぱり急には走塁はできませんから。6月の後半から7月は大会モードになって、選手が同じくらい走塁できるまでになるよう心がけていますね」

そうやって準備していくが、実際は健大高崎の選手たちも、躊躇《ちゅうちょ》なくスタートを切れるようになるまでには時間がかかる。葛原コーチは言う。

「行く勇気というのは、はっきりいってこちらがいくら尻を叩いても、がけっぷちに立たないとあまり出てこないんですよ。要するに3年生の夏です。ホントに負けたら終わりじゃないですか。秋も春も練習試合も、負けても終わりじゃないんですよね。だから、みんな自分の身を守るんですよ。『そうは言ってもアウトになるのは嫌だ』とか。

でも、『それ行かなきゃ終わるよ』という状況になると、自分の気持ちを出してくる。決断するようになってきます。ホントに生きるか死ぬかという勝負になって、初めて行くようになるんです。その選手の人格にもよりますけど、3年生の方がそうなりやすい。結局やるのは選手なので、その選手の気持ちが一番大事なんです」

実は、甲子園4試合で26盗塁を記録した14年夏のチームでさえもそうだった。平山敦規、脇本直人ともに口を揃えて言うのが、「本当に自信を持てたのは3年生の春の大会が終わってから」ということ。夏の大会までの約2ヵ月で毎日走塁練習に取り組んだことが自信になり、行く勇気につながった。

「決断することが大事ですね。盗塁成功にはスタート、スピード、スライディングの3Sは必要。もちろん心理、読みも必要です。それに経験からくる第六感は重要ですよね。勘じゃなくて経験からくるものです」

投手のクセや傾向をつかむのはもちろん、配球を読み、相手の心理状態を読む。しっかりと準備した上で根拠を持って走れるかどうか。その経験をどれだけ数多く積むことができるか。準備と確認のJKによる盗塁成功が、自信と経験のJKになって確率を上げることにつながるのだ。

［実例1 前橋育英戦］

2014年夏の群馬県大会3回戦・前橋育英戦。脇本は4回裏に無死から四球で出塁した際、けん制でアウトになったが、その後の2打席で出塁すると、いずれも次打者のときに二盗を決めた。多くの場合、一度けん制死をすると、その試合では「アウトになりたくない」気持ちから安全策を取りたくなる。だが、脇本はひるまず、果敢に攻めた。なぜ、それができたのか。脇本は言う。

「試合前から、（高橋）光成はうまいからけん制死になってもしょうがないと言われていたので、別にアウトになってもしょうがないという気持ちになれました。それで実際にアウトになりましたが、次は行ってやる、次は絶対セーフになってやるという気持ちになれたから、行けたんだと思います。自分の場合は、監督やコーチから『失敗してもいいよ』みたいな感じで言われて楽でした」

けん制死のひとつやふたつは想定内。ベンチにそれぐらいの余裕があったからこそ、脇本は積極性を失わなかった。4回裏の時点では0対1。無死の走者で中軸打者の場面だけに痛かったが、ここで落ち込んで暗くならなかったことが、その後の2盗塁につながった。監督、部長をはじめ、ベンチの選手たちの雰囲気。これもまた行く勇気を作るのには欠かせない。

機動破壊 其の四

選手たちが思い切って走りやすい環境を指導者が作り出すことで、選手自身が決断し、自分の意思で走るようになることが大事。

カウント別の考え方をベースにした読み

行く勇気を出すために欠かせないのが読みだ。次の球が100パーセント変化球とわかっていれば、ストレートのときより何倍も走りやすい。足の速さに自信がない走者ほど、読みが必要になってくる。だが、高校生は意外と相手の配球を観察していない。

そのため、健大高崎では基本的なガイドラインを作っている（次ページ参照）。これをマニュアルとしてカウント別の考え方を覚え、あとは投手や試合状況などで微調整し、応用していく。

「このマニュアルがあってのアレンジです。これが頭に入っていないと、読みも働かない。読みは、これがベースにあってのものです。0ボール2ストライクとかはわかりやすいですよね。勝負するか外すか。バッテリーが0ボール2ストライクで外に外しにいったとすれば、（次の投球で走者が走る）雰囲気を出すかどうかの確認で、必ずけん制を入れてきますよね。1ボール2ストライクもまだ余裕があるという考え方もできるので、ピッチドアウトのカウントでもあります。観察、読みが必要ですね」

この他にも、よくある配球パターンは教えて頭に叩き込ませる。

「例えば、確実なのは、1球目がカーブでストライク、2球目もカーブでストライク、3球目は見せ球で外のストレートで外したら、4球目はカーブです。9割ぐらいの確率なのは、1球目がアウトローのストレートでストライク、2球目はボールゾーンのストレートで1―1、その次の3球目はほぼスライダーですね。2球目に見せ球を使っているときは、見せ球の後は変化球と考えていいと思いますね。もちろん、これはオーソド

走塁を軸にしてのランナー一塁攻撃

カウント(B－S)	
0－0	甘い球は打ってもいい。難しい球、ボール球は打たない。走塁を活かす際は、1球ぐらい待つ余裕を見せる。セーフティーバントは相手が準備万全で成功しにくい。
1－0	甘い球は打ってもいい。難しい球、ボール球は絶対打たない。走塁で相手を揺さぶる大チャンス。1球目にバントの構えをしていなければ、セーフティーバントもあり。
2－0	走塁を活かすなら絶対打たない。打たずに打者と走者で何かをしかけるスーパーチャンス。
3－0	打者はしっかりとタイミングを持って見送る。走者は何もしない。バントの構えは無意味。
0－1	一番面倒なカウント。甘い球は打つ。ボールには手を出さないように頑張る。走者の見せ場。1－1を何とか作れ。捕手からのけん制が来るので注意。セーフティーバントをするなら送りバントに近いかたちで。
1－1	打つ構えしかしていなければ、セーフティーバントが成功するカウント。ストレートが続いていた場合、変化球を入れたいところなので盗塁もあり。エンドランカウントなので偽装スタートで揺さぶるのも面白い。打者は甘い球をしっかり振る。ボールは絶対打たない。
2－1	1－1と同じ
3－1	自分は打つ打者なのか(中軸)、待つ打者なのか(2番、下位)を自覚する。待つ打者は偽装スタートとセーフティーバントやバスターを組み合わせて四球にする。
0－2	基本は外に外してくる。捕手からのけん制が来るので注意。3球勝負タイプかどうか前半で見極める必要がある。3球勝負とわかれば盗塁チャンス。
1－2	2ストライクから外に外したら盗塁の大チャンス。打者は低めの変化球を見送れば盗塁成功。3球勝負のバッテリーだと配球がわかりにくい。打者は我慢のカウント。走者は偽装スタートが無難。
2－2	投手が決め球を投げやすいカウント。ワンバウンドも多いので盗塁しやすい。
3－2	足が速い、遅いにかかわらず自動的にランエンドヒット。低めの変化球は三振しても盗塁成立。ストレートなら前に飛ばせ。

※前半と後半ではこの攻め方は変わる。前半にどういう攻めを多用したのか。それを頭に入れておけば、後半に初球スチールのチャンスも生まれる。
註　原文ママ

ックスな考え方です。レベルが下に行けば行くほど、ボール球を使うバッテリーは少ないですから。例えば、走る自信がなければ、バッターが追い込まれるまで待つのも手ですね。変化球を投げるところまで待つと」

ただ単に「思い切り行け」と言っても、なかなか行けるものではない。成功する、または成功する確率が高いと確信したときに思い切りは出てくるもの。思い切りを出させるための、頭のＪＫ（準備・確認）。これも成功率を上げるためには欠かせない。

機動破壊 其の五

行く勇気を出すために欠かせないのが読み。読みと観察で、成功する、または成功する確率が高いと確信したときに思い切りは出てくる。

小中学生や、走塁に苦手意識のある高校生に対して

「『まず、リードしよう』『リードして、二塁に行ってみよう』ということが大切ですね。走塁を何も知らない選手や、ウチに入ってきた選手たちにまず最初に言うのがそれです。勇気は大事ですから、最初に絶対言わなきゃダメですし、結局、最後も勇気と決断力な

んですよ。

でも、これに関しては、選手たちというよりは指導者の問題ですね。走塁・盗塁を導入の段階で勇気がいるというのは、失敗したら怒られるからなので。だから、まずは怒っちゃダメですね。指導者が許す環境の中で、失敗してもいいから大きなリードをして二塁に行きなさいと。

逆に、最初は『走らないと怒られるから行く』でもいいんじゃないですか。行くところから行かないようにするのはちょっとずつできますけど、行かない選手は果てしなく行かないので。導入を考えれば、『楽しく行ってこいよ』ぐらいで、まず行って、行って。そこから『はい、理論に入っていこうか』と。それでいいと思います」（葛原コーチ）

平山敦規、脇本直人からも小中学生にアドバイスをもらった。

「最初は自分も失敗から始まったんで、どんどん失敗していいです。失敗を恐れずに、失敗を積み重ねていった方がいいと思います。失敗すれば、何で失敗したかを自分で考えると思う。それで自分も身についてきました」（平山）

「最初は失敗してもいいと思うんですよ。その中でたまにセーフになるじゃないですか。そのときの喜びっていうか、それで徐々に自信をつけていけば、うまくなると思います。自分も、以前は失敗を恐れながらやってたんですよ。こうしたら怒られるかなというのもあって。それが、『勝つために、失敗してもいいから覚えなきゃダメだ』という考え方になって、自分から練習に入っていったのがよかったと思います。どうしたら盗塁できるかですか？　それはもう、自信を持って行く。それだけです」（脇本）

それでもなお、行く勇気がない選手、「足が遅いから無理」と思っている選手、「ウチにはできない」と思っている指導者に対して、もう一度強調したいのが葛原コーチの持論。「走塁は心理」ということだ。

「陸上選手のように音に合わせて完璧にスタートを切れる、ピッチャーなら動いた瞬間に行ける非常にスタートが上手な人と、相手ピッチャーの気持ちを完全に掌握していてスタートを切れる人。この2人の対決が実現したとすれば、私は人の心を読める人の方が勝つと思うんですよね。

人の心を100パーセント読めるということは、極端な話、セットに入ったときに、もうホームに投げるか、けん制するかがわかっているということ。ホームに投げる雰囲気を感じたら、フライングに近いスタートができます。一方のスタートを完璧に切れる人は、今まで笛とか音とかでやっていたわけですから、いくら反応が速くても、ピッチャーが動くという事実がないとスタートを切れない。

足のスピードがいっしょなら、読める人が勝つ。そういう観点から、私は心理的なものを重点的に考えてやっているんです。もちろん、スタートの技術も必要ですから、バランスよくやっていかないといけないんですけど。それでもどっちが上位に来るのかを考えると、心を読める方が強い。能力は心理でカバーできると思います」

機動破壊 其の六

最初は失敗してもいい。成功したときの喜びを重ねることで、徐々に自信をつけていけば走塁はうまくなる。能力は心理でカバーできる。

監督の勇気と決断力

盗塁ができるチームになれるか、なれないか。それを決めるのは、実は選手ではない。サインを出す監督だ。高校野球の場合、走者一塁は送りバントを多用する。それがセオリーという固定観念があるせいで、盗塁でアウトになると監督は批判を受けることになる。アナウンサーも解説者も「無死一塁＝送りバント」と決めつけたコメントをするため、いきなり盗塁のサインを出すのには勇気が必要だ。葛原コーチはこう強調する。

「私は、ノーアウト一塁で送る野球が悪いと思っているわけではないんですよ。でも、チームの方針として走塁を取り入れようとしている場合は、覚悟を決めなきゃいけない。

盗塁は、よく勇気と決断力と言うんですけど、その裏に隠れていることがあります。盗塁で誰が一番大事かというと、監督です。監督の勇気と決断力なんですよね。バントばかりで動かない監督のチームだと、走塁の成功率がめっちゃ高くなるかといったら、そうでもないと思います。結局、監督の決断がいることだし、監督が動かす野球を好きじゃなかったら絶対やらない。

私にとって一番大きいのは、青柳監督が動いていく体質の監督さんだということなんですよね。アウトになることとか、ノーアウト一塁で盗塁に行くこととかをなんとも思ってないですから。何十年もやっているベテランの監督だと、青柳監督と同じことをするには相当な決断力がいると思うんですよ。

だから、監督が動くことに積極的な体質かどうかで、選手たちの1歩目は驚くほど変わる。監督にそういう体質がないと、走塁のチームは絶対できないですよ」

周りの目や批判が怖ければ、バントをさせておけば安全だ。なぜなら、「一打出れば1点」の場面さえ作っておけば、点が取れなくても、それは選手のせい。「あと一本が出なかった」とコメントすればいいだけで、監督は批判の対象にならない。責められるのは、チャンスで打てなかった選手になる。

ところが、無死から盗塁させて失敗すれば、それは采配ミスとなり、たちまち監督が非難されることになる。勝敗の責任を負う覚悟が決まっていなければ、積極的な盗塁のサインは出せない。さらに、そのためには我慢も必要だ。入学時は盗塁する習慣のない選手がほとんど。盗塁にトライをしてアウトになっても、怒るのではなく、チャレンジしたことを褒めなければいけない。

「『いつでも行っていいよ』という自由スチールのサインが出ていて、アウトになって帰ってきて監督に『何やってんだ』と怒られたら、選手からすると一生行かなきゃいいになっちゃいますよね。自由なんだから、別に行かなくてもいいでしょと。だって、行って失敗したら怒られるわけですから。だからこそ寛大な気持ちで、『自由スチールなんだから、失敗してもいいよ』というベンチの姿勢が大切ですよね」

そもそも、ベンチが「次の球で絶対に行ける」と判断できるのであれば、そのタイミングで「ディス・ボール（this ball）※このボールで行けの意」の盗塁のサインを出せばいい。それがわからないから、自分の好きなタイミングで、盗めると思ったら行けという自由スチールのサインを出しているのだ。アウト、セーフの責任はベンチが取ってあげなければ、選手は失敗を恐れてチャレンジしなくなってしまう。

「アウトになっても、『お前は悪くない』って言ってあげれば、盗塁がうまくなる可能性はあります」

ちなみに自由スチールは英語でいうと「グリーン・ライト（青信号）」。走者の判断でいつでも好きなときにスタートしてよいというサインだ。なぜ、ディス・ボールではなく、グリーン・ライトにするのか。

「読みの働く選手にとっては、サインが出た方が行きにくい場合があります。『サインが出たけど、今は2ボール1ストライクだから、とりあえずけん制を入れてくるんじゃないか。でも、来ない。あー、スタート遅れた』というのがあるんです。自分のタイミングで行かせる方が、盗塁が成熟している選手たちにとっては行きやすいと思います。信頼関係がすごく大事ですね。どれだけ任せられるか」

ワン・ゴーなど特別なサインを出すとき以外は選手に任せる。かつ、セーフとアウトの責任は監督が負う。この姿勢があるかどうか。それが〝盗塁体質〟になれるかどうかを決める。アウトや負けを選手のせいにするような監督では、一生、走塁のチームはできない。

「盗塁で、100パーセント失敗しないとは言ってません。成功する確率が高くなるということ。練習していけば、85パーセントぐらいは成功させる自信はあります。正直なところ、盗塁死が痛いこともあるんですよ。でも、痛いんだけど、送って1アウト二塁にしておいたら、得点確率は100パーセントになるのかといえば違いますよね。その場面で打席に立ったのが4割バッターでも、40パーセントですから。走塁と打撃のどっちを信じてやっているかの違いです。絶対はない。でも、限りなく絶対に近い方法はあると思います」

機動破壊　其の七

盗塁に必要なのは、走者の勇気と決断力。だが、それ以上に重要なのが、監督の勇気と決断力。盗塁に絶対はないが、限りなく絶対に近い方法はある。

選手の背中を押して導く

盗塁経験を積ませるためには、数多くの実戦経験が必要だ。練習試合がその場になるが、ここでも監督は我慢が必要となる。試合という名前がつくと、どうしても勝ちにこだわってしまうからだ。もちろん勝敗は大事だが、特に育成段階の時点では、勝ち負けに目をつぶる必要も出てくる。

「1年生大会に向けての練習試合は負けOKです。数をこなす。Bチームになると、1試合目は勝ちに行きますが、2試合目は1試合目に出ていない選手プラス1試合目に使ったけど走塁が苦手な選手、勘のよくない選手を出すんですよ。そのときは自由スチール。勝ち負け関係なく技術向上の場です。わざと走塁が必要なシーンを作ったりもしますよ」

Aチームになるとレギュラー争いもあるし、公式戦を想定した戦術も必要になってくるため、下のチームと同じようにはできないが、〝仕込み〟の段階ではとにかく経験を積ませることを最優先する。Bチームや1年生を指導するコーチは、これを肝に銘じておかなければいけない。

「Aチームになると、結果を求められてきますね。だから一旦、選手の成長が止まるときもありますよ。プレッシャーになって、へこんで、落ちるところまで落ちて、そこからもう1回再浮上するようにハッパをかけて、たまには泣かせて、話をして……みたいなくり返しです。そうして、『よし、もう（二塁に）行かなきゃダメなんだ』というところまでメンタルを作ってやらないといけないと思います」

何を目的にして、その試合に取り組んでいるのか。結果の成否ではなく、やるべきことができているか。「3球以内に走ろう」というルールなら、それができていればOK。「変化球のときに走ろう」というルールなら、それができていればOK。そういった段階を経て、読みが磨かれ、3球目以内の変化球のときに走れるようになってくる。

次の塁を狙う走塁にしても同じ。ただやるのではない。目的をはっきりさせ、それを達成するためにはどうすればいいのかを説明し、選手の背中を押して導いてやる。我慢プラスそういった姿勢が、〝走塁体質〟のチームを作るのだ。

機動破壊　其の八

目的をはっきりさせ、それを達成するためにはどうすればいいのかを説明する。結果の成否ではなく、内容の良し悪しで判断する。

全国制覇
体心技

第2章

打者走者と、一塁走者の基本

打者走者の走路は、打球の飛んだ位置によって変わる

図Aの通り、打球の飛んだ場所によって走路が変わってくる。

「レフト線、ライト線に打球が飛んだ場合は、最初からふくらませます。ファンブルやジャッグルがあれば別ですけど、普通なら三塁打ではない。ツーベースを狙うのが大事になってきます。打った瞬間にふくらみを入れて、コーナーリングを小さく入っていけるようにする。右中間、左中間の場合はツーベース確定。三塁に行けるかどうかがポイントになってくるので、そんなにふくらみません。一塁へはまっすぐ入っていくので、ファーストベースを通過したときのふくらみは大きくてもしょうがない。それより、三塁に行けるかどうかの判断のところ、セカンドベースでいかにいいコーナーリングができるかが一番重要ですね。左中間は、外野手から三塁までの距離が近いですけど、打球処理や中継をしている野手が正面に見えるため、バッターランナーが自分で一番判断しやすいのでしっかり見ることも大事です」

シングルヒットの打球でも、シングルと決めつけることはしない。常にスキがないかをうかがう習慣をつける。

■図A　打者走者のコース取り

打球がレフト線、ライト線に飛んだ場合は二塁打狙い

打った瞬間にふくらみを入れて、一塁でのコーナーリングを小さく入っていく。

打球が左中間、右中間に飛んだ場合は三塁打狙い

一塁にはまっすぐ入っていき、二塁でのコーナーリングをいかに小さくできるかが重要。

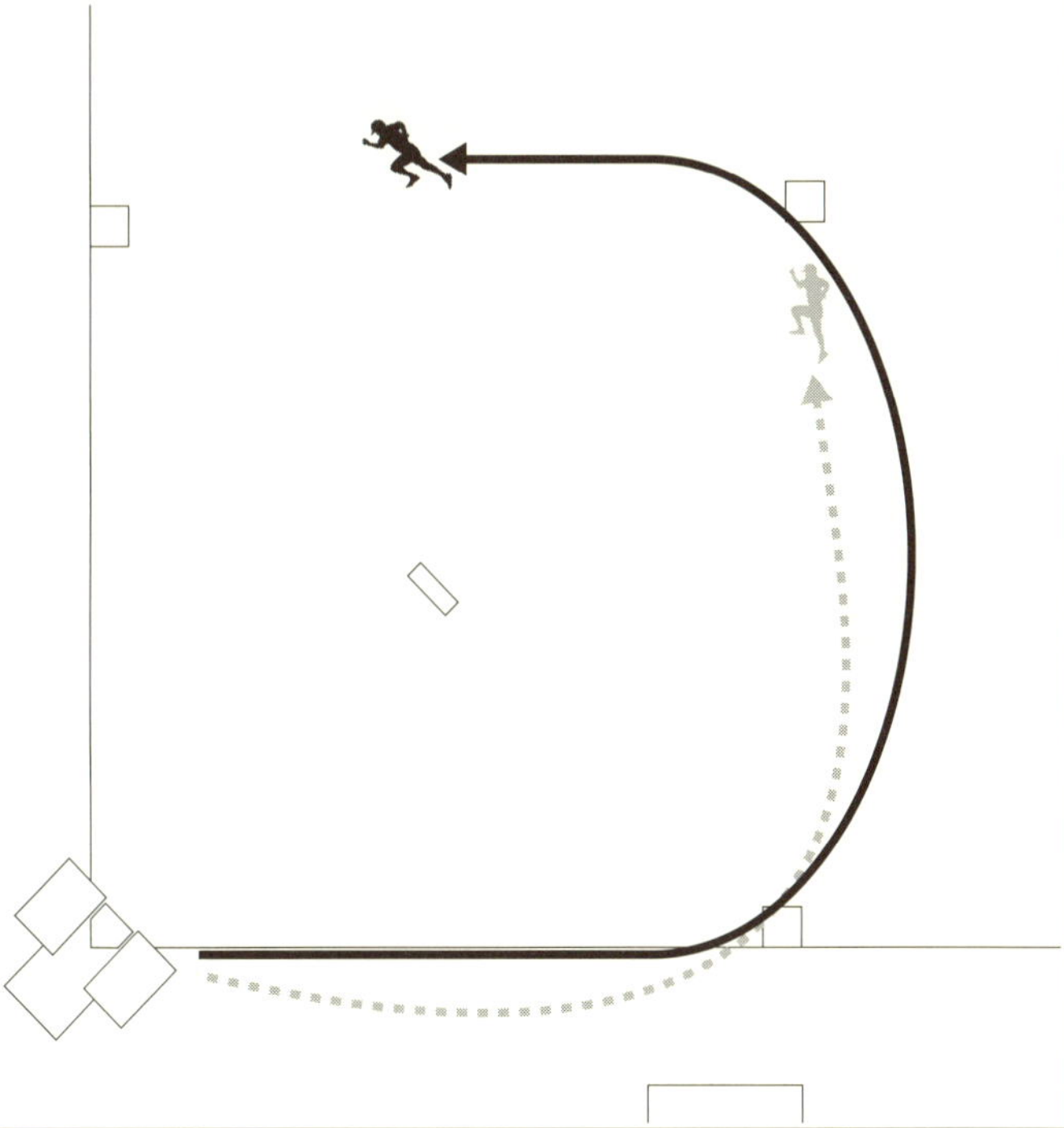

「シングルヒットの打球でファーストベースを踏む前に外野手が捕っていれば、一生懸命オーバーランする必要はないです。無理なものは無理なので。ただ、捕る瞬間にファーストベースを踏むぐらいだったら、ファンブルがあるかもしれないからそのままダッシュでオーバーラン。

あとは、どうせ二塁には来ないだろうと思って、外野手がゆっくり捕りに来るとか、ひざをついて捕球しようとしているとかがありますよね。あるいは、レフト線で身体が振られている、ライト線で逆モーションになる（右投げの場合）とかいうのを総合して、二塁を狙うかどうかを判断します。もちろん、ノックのとき相手の肩を見ておくことも大事ですね。

シングルヒットの打球の場合、タイム的なことを言うと、ほとんどのケースはセカンドベース上に投げればアウトです。ただ、こういうときに二塁を狙った場合は、ほとんど送球がそれるんですよね。相手の野手があわてることを計算に入れてもいいと考えられるかどうか。『ちゃんと来たらアウトですよ。でも、ほとんどがあわてるからやる価値はありますよ』という感覚が指導者にあるかどうか。二塁を狙う姿勢に見えて実は狙っていないプレーはいっぱいあるので、形だけにこだわらないで、ホントに意味があるかどうかを考えたオーバーランにした方がいいと思います」

ここで効果を発揮するのがイメージ、チームカラーだ。「あのチームはどんどん次の塁を狙ってくる」というイメージを植えつけていれば、少し狙う姿勢を見せるだけで、相手が勝手にあわててくれることもある。これもまた、数字には表れない〝機動破壊〟なのだ。

［**実例 2 岩国戦**］

甲子園でいきなりこの走塁を見せたのが脇本直人だ。２０１４年夏の初戦・岩国戦の1回表。２死走者なしからライト前にヒットを放つと、正面への打球にもかかわらずノンストップで二塁へ。明らかなシングルヒットを二塁打にしてしまった。一塁ベース通過は4秒32、二塁ベース到達は7秒56。通常は俊足の走者でも8秒を切ればかなり速い部類だが、土のグラウンドで7秒56は驚異のタイムだ。なぜ、あそこまで思い切った走塁ができたのか。脇本は言う。

「行けるという根拠と『行っちゃえ』というのと五分五分ですね。雨が降った後で、外野が湿っていたのがわかったんですよ。『行っちゃえ』と思ったときに、『湿ってるから行けるな』と」

脇本は外野手。試合前のノックで芝の状態を確認していたことがこの走塁につながった。

「普段から、ライン際の打球なら、クッションはどんな感じではね返るか見ておきます。

フェンスに沿ってはね返るときは行きますし、しっかりはね返ってくるときは、一気には行かず狙おうという意識だけは持っておきます」

外野手としてJK（準備・確認）をしっかりやること。それが、自分が打者走者になったときに好走塁への準備にもなってくるのだ。

機動破壊 其の九

シングルヒットの打球でも、シングルと決めつけない。常にスキがないかをうかがい、次の塁を狙う習慣をつける。

一塁走者のリードは4メートル30
——走者一塁、あるいは一、三塁の場合

右投手の場合、リード幅は4メートル30センチ（右足の位置）が基準（写真A）。葛原コーチはさらっと言うが、かなりの大きさだ。左投手の場合は右投手と違って一塁走者に正対しており、勢いをつけた速いけん制がないため、4メートル30よりも大きくなるのが基本。右投手よりもどれだけリードを大きくするかは、相手によって変わる。右

足をしっかり上げてからのけん制しかできない投手と、右足を小さく上げてのクイックけん制ができる投手と2通りあるからだ。特に公式戦の場合、健大高崎は事前にデータを取り、相手のけん制の種類を把握するようにしている。

「あとは、リード幅に関しては意外と原始的で、見た目を大事にするんですよ。見た目って何かというと、三塁側ベンチから見たときに、そのリードをどう感じるか。相手が三塁側だったときに、直感的に『けん制多めにしとけよ』という指示を与えたくなるのかとか、ピッチャーが思わずプレートを外したくなるのかとかを気にしますね。

私からの見た目で『それじゃあ、二盗は行けないだろう』と思ったときは、4

リード幅は、右投手の場合4メートル30センチ＋α。左投手の場合は、より大きくなる。

メートル30も微調整することはあります。『もうちょっと出て』『そこ』という言い方をしたりもします」

リードを取る場所は、基本的には一塁ベースと二塁ベースの外野寄りの角を結んだライン上だが、ときにはこれをあえて変えることもある。

「身長によってリードの見え方も違ったりします。三塁側から見ることを考えると、ライン上より後ろにリードを取るか、前に取るかで遠近感もだいぶ違うんですよね。左ピッチャーのときは、特にこだわったことがありました。二盗に行かないときは後ろに立たせる。そうすると相当リードが大きく見えます。前に出ると、逆に相当小さく見えます。ばれたら通常に戻すだけですけど、今までばれたことはないですね」

遠近感を巧みに利用して、まさに心理面を揺さぶるのだ。これに偽装スタート（※後述）を絡めれば、相手はかなり戸惑う。リード幅だけでなく、見え方にまでこだわることで、相手投手にプレッシャーを与えているのだ。

機動破壊 其の十

基本的にはリードは大きく。だが、場合によっては遠近感を巧みに利用して、相手投手の心理面を揺さぶる。

これまでの常識を完全に壊すことが第一

リード幅が4メートル30というのは、甲子園レベルで見てもかなり大きい。そのため、新入生はまずこのリードを取るところから走塁練習が始まる。

「『今までのリードをやってみな』と言って立たせると、ホントにリードが小さいですね。ボーイズ、シニアなどの硬式経験者でも、『何してんの?』と突っ込みたくなるような小ささ。『けん制死が一番嫌』というのが多くのチームでもっとも考えられることでしょうから、そういう指導を厳しく受けているため、『けん制アウトだけはダメだ』という考え方でまずは入学してくる選手が多いんですよ。なので、最初は大きなリードで、二盗に行く楽しさから覚えさせないといけないですね」

大きなリードを取らせて、スタートを切らせる。これまでの常識を完全に壊すことが第一だ。無理やりにでも盗塁をさせて、セーフになる喜びを体験させる。

「行く勇気はもっと後のことです。まずはセカンドに行かせなきゃいけないので、すべてサインを出します。しかも、左ピッチャーのときによく使う〝ワン・ゴー(投手が動いたらスタート)〟。右ピッチャーでも私がけん制がないと思ったときに採用しています。

もしもそこでけん制が来たら、『走れと言ったオレがバカだ』と思っていればいいからと言って行かせます。

それで二塁に行って、（盗塁で）行くって楽しいことなんだと思ってくれればいいんです。行った結果、得点になるシーンがあれば、試合途中でもミーティングをして『今、点につながっただろ？　行ってなかったら、どうなんだ？』と。『あのセンターフライじゃ、2アウト三塁のままだよね』という感じで入っていきます。まず、行かなきゃダメなんだ、行くチームとはこういうチームなんだという体質的なものを刷り込んでいきます」

入学直後の1年生にはけん制、クイックなどを得意とする投手はほとんどいない。指導者からすれば心理面も手に取るようにわかるため、成功率はほぼ100パーセントだという。

「高校1年生のピッチャーは熟練されていないですから、スキはいくらでもあるんですよ。なので、ほとんど盗塁は決まります。1年生大会中は、選手たちが勝手に味をしめてやり始めますね。ほっといても、行きたくてしょうがないみたいな。メンタル的にも1年生は、ノリノリのときは乗りっ放しなので」

入学直後の3月から、5月に行われる1年生大会の若駒杯までの間は、6割程度走塁練習に割いて、機動破壊の基礎を叩き込んでいくのだ。

機動破壊 其の十一

まず最初は、盗塁するチームとはこういうチームなんだという体質的なものを刷り込む。無理やりにでも行かせて、セーフになる喜びを体験させる。

一塁走者のさらに大きなリード
――走者一、二塁や満塁の場合

前に走者がいて塁が詰まっている場合、一塁走者は当然のことながら走れない。それに、二塁走者をホームに還すことを防ぐため、ヒットゾーンを広げないよう一塁手がベースから離れるのが基本だ。つまり、一塁走者は普段よりさらに大きなリードを取ることができる。この場合は、通常の4メートル30以上の大きさになる。

「このチームは、明らかに一塁けん制がないというチームがありますよね。そういうときは、極端にリードを大きく取って、ゲッツー防ぎを一塁ランナーがやります。サードゴロなら、一塁ランナーがセカンドでセーフを取れと。

一塁けん制があるチームであっても、けん制があり得るという前提でベンチがしっかり注意していれば、一塁ランナーを大きく出すことはそんなに怖くない。ランナー一、二塁の一塁けん制って、不穏な動きが絶対にあってわかりますから。それさえマークしておけば、大きなリードはそんなに怖くないんですよ」

もちろん、点差がある場面などライナーバックを中心に考えるときは、あえて小さめのリードにする場合もあるが、基本的にはリードは大きく取る。ときには、あえてかなり大きめに出ることもある。

「わざと一塁けん制を誘うように大きくリードして、けん制の瞬間に二塁ランナーがサードを取るというのもやります」

機動破壊 其の十二

走者一、二塁のときの一塁けん制は、絶対に不穏な動きがあるからわかりやすい。それさえマークしておけば、大きなリードは怖くない。

一塁走者の離塁のポイント❶

離塁は素早く出る

「ベースから何歩で4メートル30の地点まで到達するかというのは、自分の身体で覚えること。慣れてくればなんてことないです。毎日7時に起きてれば、7時に起きますよね。そういう感じです」

離塁する際にまっすぐではなく、ラインの前や後ろにずれてしまう選手もいるが、それも目をつぶっていてもまっすぐに出られるようになるまで練習する。

また、離塁で大事なのが素早く出ること。簡単なようで、これが意外と難しい。脇本直人はこれに苦労したと言う。

「リードしたときに、ピッチャーがセットポジションへの入り際のけん制ですぐにベースに戻れるか。監督のサインを見て、すぐリードしたときに入り際のけん制があると難しい。そういうのも、ピッチャーにやってもらってしっかり練習しました。サインの後、ゆっくり出ていると、理想のリード位置まで出られない、理想のリード姿勢が取れないなどで盗塁のスタートが遅れちゃうんです。それだとダメなんで、完璧なスタートを切るために早めにリードを取っていました」

投手が投げる前に、しっかりとスタート地点に立って、姿勢を作る。これが盗塁への第一歩になる。チーム基準よりもはるかに大きな4メートル80のリードを取る平山敦規はこう言う。

「リードはすぐに素早く出て、いつものリード位置に行って、姿勢を取る。遅く出ちゃうと、ピッチャーにすぐバッターへ投げられちゃったりするので。あとはセットの入り際のけん制もあるので、その前に出る。そこまで出ちゃえば、入り際でもすぐに戻れます。限界ラインまで、すぐに出ることが大事です。ピッチャーの動きを見ながら2、3歩ゆっくり出て、その後にススッと出る。ゆっくり出ている最中なら、入り際のけん制が来ても戻れます」

機動破壊 其の十三

離塁でゆっくり出ていると、理想のリード位置まで出られないし、理想のリード姿勢も取れない。完璧なスタートを切るために素早くリードを取る。

一塁走者の離塁のポイント❷

カウンターけん制への対抗策

離塁に関して、健大高崎がもっとも苦労したのが、2014年夏の県大会で対戦した前橋育英・高橋光成（現埼玉西武ライオンズ）だ。前年度に対戦した際には、けん制でふたつアウトを取られている。

「前橋育英のカウンターけん制に対してどうするか。離塁に関してはこれしか考えてないですね。最近は、キャッチャーのサインを見ながらけん制してきますから」

同じ失敗をくり返さないため、夏の対戦前にはかなりそのけん制の対策をした。

「練習の仕方はあまりないんですよね。単純に反応スピードを速くするしかないので。ウチで一番けん制のうまいピッチャーを、マウンドから1メートル50センチぐらい一塁寄りに降ろさせて、いつでもけん制しろと。身体で覚えさせる練習をすごくやりましたね。光成のビデオを映像で見せて、照らし合わせながら実際に練習しました」

毎日ピッチャーフィールディングの練習を欠かさないのが前橋育英。それだけにスキがない。高橋光成の一塁けん制は0秒9台（けん制動作開始から一塁手のタッチまで）。これは、プロでも屈指のうまさを誇る涌井秀章（現千葉ロッテマリーンズ）と同レベルの速さだ。

「右手にボールを持っているときだけじゃなくて、光成はグラブに持っていてもけん制がありますからね。これが厄介だったんです。セットポジションへの入り際も速いし、球も速いですからね。セットでサインを見ている最中にも投げてきますし。光成の場合は、セットに入ったとき4メートル30の自分のリード位置に立つまでがすごく課題だった。走るより前に、そこに立つことが課題だし、大事でしたね。練習の方法論はあまり言いませんでした。4メートル30の地点に立てればいいから、方法は考えろと。その代わり、いつでもけん制が来るよ。逆を突かれないようにしろ。自分の身体が一番動く、一番いい方法でやれと言いました」

ただ、唯一、光が見えたことがあった。データである傾向が出ていたのだ。

「セットに入らせちゃえば、けん制がほとんどないというのがあったので、そこまで頑張ろうと」

練習をくり返し、身体で覚え込ませた結果、本番ではいつも通りのリードを取ることができた。脇本がひとつけん制でアウトになったものの、4盗塁でお返し。練習の成果を存分に発揮し、試合にも勝利した。

機動破壊　其の十四

相手投手のクセやデータを分析し、練習をくり返す。反応スピードが速くなるよう、身体で覚え込ませる。

一塁走者の離塁のポイント❸

アウトを恐れる気持ちを消していく

走塁練習をし始めたとき、リード幅を大きく広げたときに陥りやすいのが、戻る意識が強くなりすぎて、スタートを切れなくなるということだ。「アウトになりたくない」という消極的な気持ちを、いかに前向きにさせていけばいいのか。

「まずはリード幅に慣れるという単純な訓練がありますよね。同時に、トレーニングを積んで反応スピードを速くするということ。これはしっかりやる。その上で、あとは読みになってくる感じですね。ウチの場合は、選手全員の頭の中でワン・バックとワン・ゴーに近い考え方を絶対に持っています。全員が同じリード幅で、けん制をもらえるだけもらうというのがひとつのコンセプトなので。

走塁をやり始めたときは、大きくリードを取ることによって試合後半に活きてくるというふうにも考えていました。たとえ盗塁に失敗したとしても、初回ノーアウト一塁でいきなり走ってきたことが相手の頭に残っていれば、後半に同じシーンができたときに活きるんじゃないかと。こっちは（盗塁は）行かないつもりでいても、相手は来ると思って乱れてくるんじゃないかという、相手に対しての意識づけという目的です。最初の1個は行けたらラッキー。アウトでも後に活かそうという考え方でやっていた時期もありました」

たとえアウトになったとしても、走る姿勢を見せることで、後半、相手の心理を揺さぶる材料にも使える。走塁はあくまで心理戦。そう考えれば、消極的な姿勢はもったいない。積極的に仕掛ける姿勢をいかに見せられるか。考え方を変えて、アウトを恐れる気持ちを消していくのが得策だ。

機動破壊 其の十五

走塁はあくまで心理戦。そう考えれば、消極的な姿勢はもったいない。積極的に仕掛ける姿勢を持ち続けることが大切。

リード時の構えは左右50：50で体幹を重視

左右の足への意識は50：50。両足の内側に力を入れるイメージを持つ（写真A）。

「右足、左足、体幹。力のベクトルがこの3つの三角形の中にあるように。中に力が入っているようにする。力が外に抜けることのないようにしたいですね。ゴーとバックの2ウェイがある中で、どちらかの片方に絞って一方向だけというのはよくない。前足に重心が乗っているからといって、後ろ足で蹴れるかといったら、体重が残ってないから強く蹴れない」

重心の高さを知るには、別の人に上から押してもらうのが有効。ひざに重心がかかっ

A

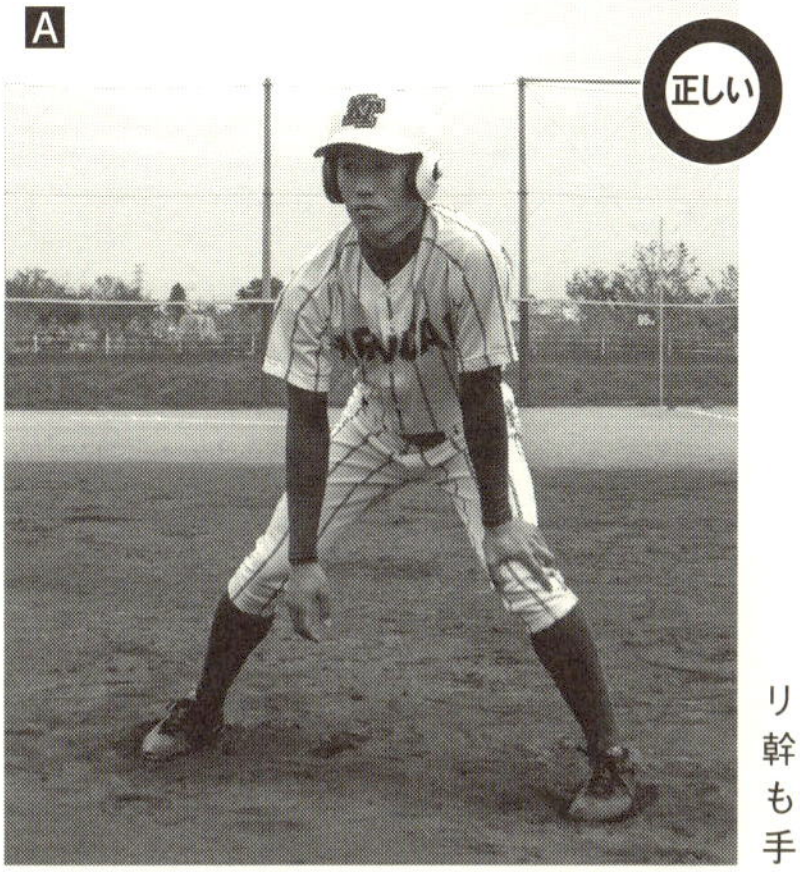

リード時の構えは左右50：50で体幹を重視。ゴーとバックのいずれにも瞬時に対応できる体勢を取る。左手は左ひざの上に置き、右手を外す。

B

ひざに重心がかかっていると上体が前かがみになり、体幹もつぶれてしまう。これだとスタート時に身体が起き上がり、ロスが生まれる。

C

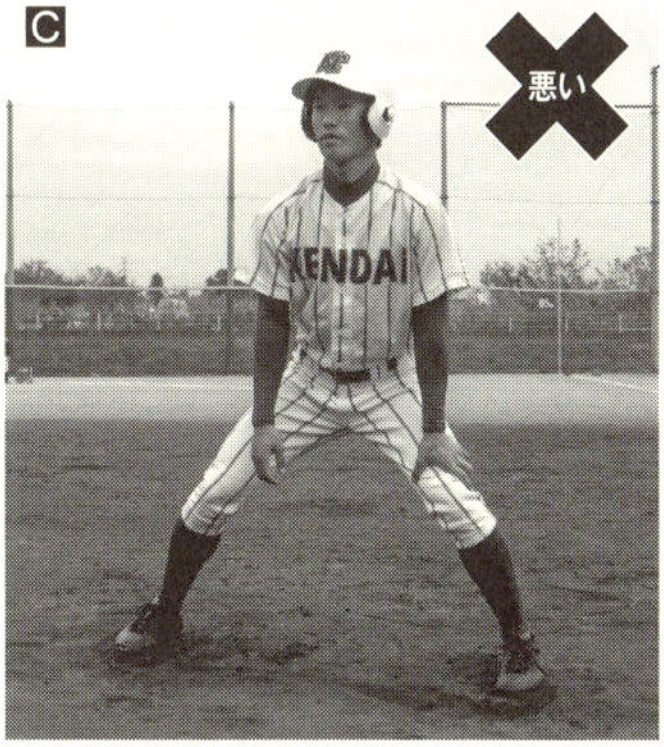

上半身が突っ立っていると、当然のことながらいいスタートは切れない。

ていると上体が前かがみになり、体幹がつぶれてしまう（前ページ写真B）。そうすると、スタート時に身体が起き上がることにつながり、ロスになってしまうので注意が必要だ。

「お尻のラインを下に押したときに、ひざに重心がかかっていると、グニュグニュするんですよ。しっかり体幹に乗っていると動かない。力がきちんと身体に収まっているということになります。具体的には、股関節に重心を乗せるのをイメージさせていますね。重心を50：50ではなく片方の足にかけていくと、どうしても股関節のハマりが悪くなるんです」

もちろん、上半身が突っ立っているのは問題外だ（前ページ写真C）。このリード時の構えについては、脇本直人もこう言っていた。

「股関節をはめないと、上から押されたときにひざが前に抜けちゃうんですよ」

まずは下半身を安定させること。これが好スタートを切る第一条件だといえる。

次は手。構える際、左手は左ひざの上に置いているが、右手は外す（前ページ写真A）。

「右手もひざに置くと、上半身、右ひざなど全部がガチガチになってしまう。力んだ状態からスタートというのは非常に切りにくい。右ひざが抜けない、抜くときに体幹が折れてしまうというケースが出てきたので、リラックスした状態を作るために右手は外してます。11年（夏初出場時）の頃は両手をひざについてたんですけど、選手から要望があり、トレーナーと相談した結果、今の右手は外す姿勢にしようということになりました。この方が、スタート時に右足を抜くのはやりやすいみたいですね」

両足は揃えるのではなく、右足をやや引くのもポイントだ。これにより、スタートを切りやすくなる他、逆を突かれても右ひざがクッションの役割を果たすので、戻ることができる。ただ、引き具合によるやりやすさは個人差があるので、自分でもっともしっくりくる場所を探すのが得策。健大高崎でも平山敦規と脇本直人の右足の位置は違う。脇本は半歩ほど引くようにしているが、その理由をこう言う。

「右足をあまり後ろに引きすぎると、スタートの姿勢を作るときにうまく下に重心が乗らない。自分の場合は半歩ぐらいがスタートしやすいです」

脇本のように右足を半足分引くのが一般的だが、平山は大きく一足分引いていた（次ページ写真D）。

「最初はもっと前かがみでしたし、両足は平行でした。右足を引くようにしたのは3年生の夏前。平行だと左足がどうしても1歩外に出ちゃうんです。でも、引いてみたらまっすぐに左足が出るようになったので。半歩引くとかいろいろ試した結果、今の形になりました。それと、右足を引いた方が逆を突かれても戻りやすい。平行のときはアウトになることもあったんですけど、試合中に逆を突かれても戻れるようになりました。

構えるときは、太ももの内側に力を入れています。左手は力を入れないでひざに置いているだけ。右手は楽にして、ピッチャーとタイミングを合わすようにしています（写真D）。両手をぶらんとやると、上体が落ちてしまいますから」

ちなみに、平山のように右足を大きく引くとシャッフル時に右斜め後ろに跳んでしまいがちだ。そのことを告げず、実際に平山にシャッフルをしてもらったが、しっかりと二塁ベース方向にまっすぐ跳ぶことができていた。

「シャッフルは身体に染みついていますから。後ろには出ないです」

この後ろにシャッフルしてしまうのは、右足をさほど引いていない選手でもなりがち。練習する際に注意してもらいたい。

両足は揃えるのではなく、右足をやや引くのがポイント。引き具合は個人差があってもいい。左手は力を入れずにひざに置き、右手は楽にして投手とタイミングを合わせる。

機動破壊 其の十六

リード時は右足、左足、体幹、この3つの三角形の中に力のベクトルがあるようにする。どちらか片方に重心が乗っていると、強く蹴り出せない。

雰囲気出しで重圧を与える

健大高崎には「雰囲気出し」というサインがある。文字通り、盗塁をしそうな雰囲気を出して投手に重圧を与えるというものだ。走者の動きが見える左投手のときに行うことが多い。

「行く姿勢を見せようとして、行く側（右足側）に体重をかける選手がいますけど、あれほど無駄なことはないですよね。あれをやった瞬間に『絶対ないぞ』と声を出したくなる。ホントに盗塁をしたい人間がどうやったら雰囲気が出るの？　といったら、だんだん二塁方向に身体が寄っていく、じれる動きです。長い間《ま》に対して、じれるわけですよね。ウチは、構えで両手をひざにつけている選手も中にはいるので、右手をすっと外してみたりとか。

そういうのを、相手ピッチャーがセットしている最中に入れていく。ピッチャーのセットの秒数にもよりますけど、長い間があればあるほど、じれる動きをした方がいいかなと思います。じれる動きで、相手ベンチから『外せ』『(盗塁) あるぞ』なんて声が出てくれると最高ですね。なんていい子なんだろうと思います(笑)」

もちろん、リードの大きさで相手を揺さぶることもある。左投手の場合だと、通常リードよりもさらに大きな〝スーパーリード〟を取り、投手の足が動いた瞬間にバックする、いわゆるワン・ウェイ(片側リード)の〝ワン・バック〟を使うこともある。

「それでピッチャーの心が揺らいでくれるなら、最初に大きなリードを見せておくだけでいい。ただ、これをやるときも、ベースまでは戻らないです。ワンシャッフルで戻る感じにしています。大きなリードから、1回戻る動作を入れて第二リードを取るんですけど、その位置は通常のリードから普通に第二リードを取ったときと同じ位置。結局、ゴール地点はいっしょなんですよ」

ワン・ウェイを使うチームは他にもあるが、たいていは戻りすぎて、結局、通常リードよりも出ている距離が短くなったり、スタートが遅くなったりと逆効果になっている。健大高崎では、ワンシャッフルで戻った位置を通常のリード位置と同じにすることで、距離のマイナスやスタートの遅れが生じないようにしているのだ。

ちなみに、走者が声を出したり、手を叩いたりといった行為で投手に揺さぶりをかけるようなことはしない。小中学校ならまだしも、高校野球ではそれにひっかかる投手は少ないという考えからだ。

「ただし、ランナーコーチャーはいろいろ言います。最初にランナーが出たら、ほとんど言いますよ。『ウチとやるときは初球、けん制だから』って。『(一塁ランナーに対して、けん制が)来ると思っとけよ。初球、けん制、けん制』と言い続けて、1球目からスチールということもあります。ランナーとベンチとランナーコーチャーの暗黙の了解みたいなのがあるんですよね。ランナーコーチャーが声をかけてるときは、極力ランナーは(盗塁に)行くようにしています。

それでひとつ走れたら、『さっき1球目に行かれてるから、ここは(けん制が)1球入るよ』と。これも行けの合図ですね。そこまで言われたら、ピッチャーも『うっせーな。ホームに投げりゃいいんだろ』ってなるじゃないですか。それも心理戦であり、駆け引きなんですよ。一塁・三塁の両ランナーコーチャーからの攻め方もありますね」

警戒されていることを逆手に取り、言葉でも巧みに心理戦を仕掛ける。絶妙なタイミングで気の利いたひとことを言えるかどうか。コーチャーも大きく機動破壊に貢献しているのだ。

機動破壊　其の十七
走者とベンチとコーチャーが三位一体となって相手を揺さぶり、巧みに心理戦を仕掛ける。

帰塁は頭から「戻るのではなく、行く」

帰塁は頭から。これがまず基本だ。

「一塁に足から戻られると、すごく気持ち悪いんですよね。足から戻れるところにいるな、と。そこは徹底しています」

頭から帰塁する場合、通常はリードを取っている場所から身体を倒して滑るが、健大高崎は違う。右足を出してから、左足で蹴って戻るのだ（写真A）。

「小さいリードのチームは右足から蹴って戻る形ですけど、右足で蹴ってスライディングすると、滑る距離が長いし、ベースに届かない。胸全体で滑るため、距離が長ければ長いほどブレーキがかかります。全然滑らないんですよ。

ウチはそれを防ぐために、クロスで右足を1歩出させます。『1歩走る』というイメ

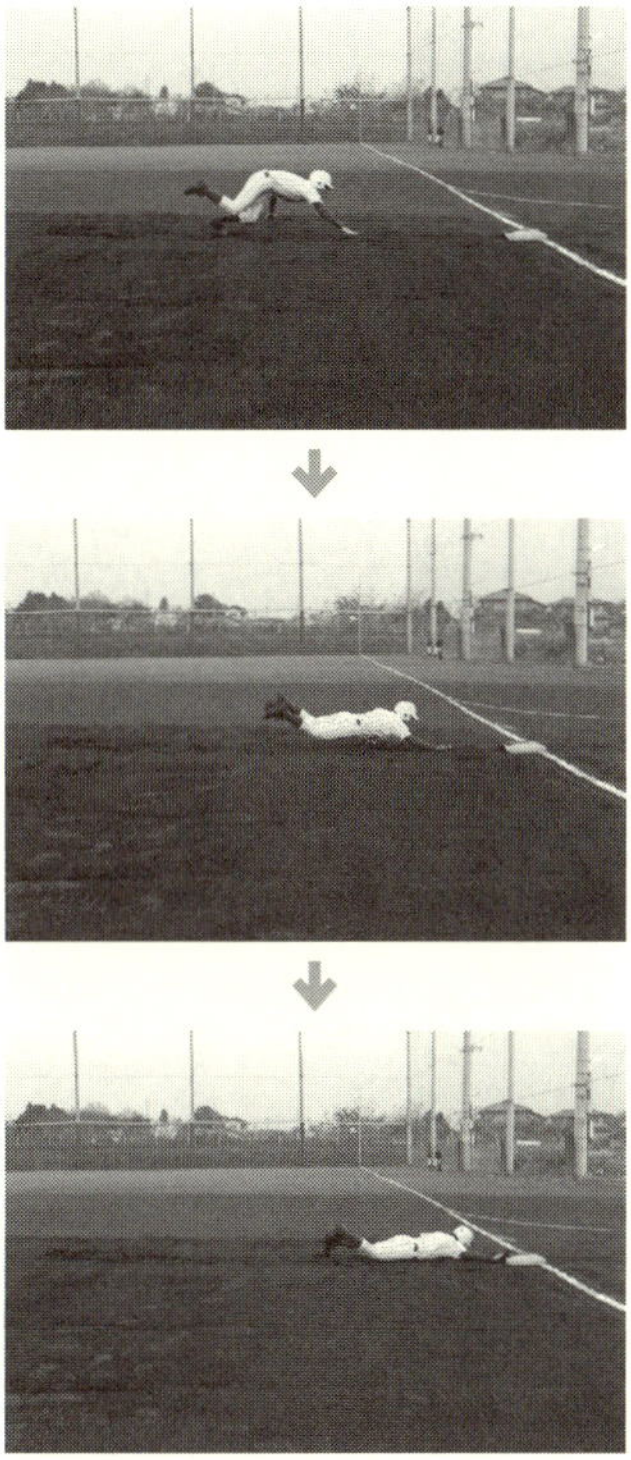

帰塁は頭から。これがまず基本で、帰るときは右足をクロスで1歩出してから、左足で強く蹴って戻る。これだと滑る距離も短く無駄がない。リード幅もかなり稼げる。

ージですね。それでかなり距離を稼げると思います。もちろん上体はどんどん前傾していく感じですけど、胸が地面につくのはわずかな間だし、滑る距離も短いので無駄がない。ブレーキもだいぶ減ります」

実際、平山敦規に帰塁をしてもらうと、胸がほとんど汚れない。汚れるのは右太もものあたりだけだ。「ヘッドで戻って、左側が汚れたことはないですね。ズボンも右側しか汚れないです」(平山)。二塁へのスライディングでも、お尻をつくとブレーキがかかってスピードが落ちるが、一塁でも同じこと。勢いよく戻り、地面と接地する時間をなるべく減らす。

「盗塁のスタートで一番怖いのは、1歩目が右足から動かない選手。左、右と2歩走ってその場から進んでない、みたいな。クセなので、そういう選手は直して練習でうまくいくようになっても、帰塁で刺されることが結構ありました。

クセを修正するのは長くかかります。そのとき問題になるのは身体、体幹の弱さ。戻るときに身体がつぶれたり、ふっと浮いてしまったりするのはダメです。逆に身体を下げようとするばっかりに、腰砕けになっちゃって、足が全然回ってないよというのもある。帰塁の形は結構うるさいですね」

冬に体幹トレーニングで選手を鍛えるのは、走塁につなげるためでもある。

この帰塁法を採用しているチームは、全国にもほとんどない。それだけにマスターするのも簡単ではない。中でも脇本直人は苦労した方だ。

「最初はできなくてけん制死も多かった。一番帰塁が難しかったですね。あと、サインを見てからリードするまでのスピードも厳しく言われてきました。最初はリードの大きさも甲子園のときみたいにデカくなくて、注意されてばかりでした。昔は自信ありませんでした。そのときと比べると、リード幅は1メートルぐらい違うと思います」

帰塁をマスターするために、脇本がまず取り組んだのがスタートだった。

「最初はスタートの練習が多かった。行くのも戻るのも姿勢はいっしょなので、まずスタートの姿勢を作ってから、戻る姿勢を意識してやりました。リードの姿勢を作るときに、股関節をはめて、しっかり地面を踏むというのを意識してからスタートもよくなったし、帰塁も同じような感じでよくなりました」

プロに行く脇本のような選手でも、練習をくり返してようやく自信が出たのが3年生の春になってから。地道にコツコツ練習し続けることが大切だ。

チーム一の4メートル80のリードを取る平山に、帰塁のポイントを教えてもらった。

「ベースの一番遠いところに向かって蹴る。帰るときも行くときといっしょのような感じで、スタートを切ってます。ただでさえリードがデカい方なので、速いけん制が来たら、そうしないとアウトになっちゃいますから。

最初は外回りとかしてベースに届かなかったんですけど、右足をクロスさせる前に左足をちょっと引くように工夫をして戻れるようになりました。そうすると右足が自然に出るじゃないですか。リード時のままの構えだと、右足が出ないと思います。それと、右足を引いた構えをするようになってから、逆を突かれてもアウトになることがなくなりました。帰塁ができるようになった分、リードもデカくなったと思います」

右足をクロスさせ、走るように戻る――。

平山の感覚では「戻るのではなく、行く」というイメージ。右足を出す前に左足を少し引くことで、二盗時に右足を抜く感覚に近づけている。この帰塁法をマスターしているからこそ、大きなリードが可能になっているのだ。

機動破壊 其の十八

帰塁は頭からが大前提。右足クロスで「一歩走る」イメージの後、ベースの一番遠いところに向かって強く蹴り出す。滑る距離は極力短く。

1人3球けん制が目標

入学直後の1年生にまず目標として持たせるのが、1人3球けん制をもらうことだ。

1球でも多く投げさせることで、相手の情報を引き出す。クセ、セットの長さ、けん制が何球続くか……。青柳監督や葛原アドバイザーは、一塁走者のことをレーダーと呼んでいる。一塁に行ったからには、何かを感じて、おみやげを持って帰って来いということだ。

「けん制というのは、球数のうちだと言っています。けん制球も1球。投球数だから、多くけん制されることは決して悪いことではない」（葛原アドバイザー）

これに、葛原コーチが大事にしている心理面が加わる。

「大事にしているのは心理面ですかね。けん制はすればするほど次にする確率は低くなっていく。1回はする確率が高いと思いますけど、1回すれば10パーセントぐらい減るだろうし、2回すれば30パーセントぐらい減る。3回すればほとんどなくなる。そうやっていくと読みが働くようになるんです」

［**実例 3 岩国戦**］

2014年夏の甲子園初戦の岩国戦。3回表無死から死球で出塁した平山が、次打者の星野雄亮の2球目の前に3球けん制をもらった。3球目は本人も「アウトかと思った」と苦笑いする微妙なタイミングだったが、セーフで命拾い。直後にスタートを切り、この大会初盗塁に成功した。試合後、記者から「あれだけマークされて、けん制もぎりぎりセーフなのに何でやめようと思わなかったんですか」と問われた平山は、こう答えている。

「3回けん制が来たから、もうないと思いました」

まさに、読み勝ちだった。

機動破壊　其の十九

けん制はすればするほど次にする確率は低くなっていく。1回すれば10パーセント、2回すれば30パーセントぐらい減り、3回すればほとんどなくなる。

読むのが難しい場合は、考えすぎずに行く

ただ、12年のセンバツ後に健大高崎のこの考えが広まり、他校も考えるようになっている。

「初めて走塁をやり始めたときに、飛躍的にけん制の数が増えました。こっちがそれを待っているのがわかると、今度はまったくしてこなくなった。まったくけん制してこないとなると、こっちとしては苦しいんですよ。読みを大事にしているから、全部ホーム

に投げられると読みにくくなってくるんですよね」

　これとは反対に、極端にけん制が多いときもある。

「多すぎるときは、こっちからケンカを売らないことですね。5回、6回というのを数回やってくるときは、あまり読みに頼らない。6回やったから7回目にスタートというのは、読みだとは思いません。ここまでくると読めないんですよ。そこでケンカを売っていこうとすると、7回目のけん制でアウトになっちゃうので、そういうときはピッチャーの好きにやらせておくのがいいですね」

　けん制をまったくしてこないか、極端に多くしてくるか。これでは読みを働かせるのは難しい。脇本もこう言っていた。

「まったくけん制してこないと結構難しいんですけど、そのときは何も考えずに行ってやろうみたいな感じでした。そこで考えすぎて、『ここでけん制来るだろう』とか思っちゃうと、いつになってもスタートできないと思うんで。そういうときは、考えすぎないことだと思います」

　読むのは難しいが、考えすぎないことが一番だ。そして、相手が情報に反応してきたら、それを駆け引きの材料にする。例えば、14年夏の甲子園では、こんな手を打った。2回戦の利府戦。試合前に葛原コーチはこう指示を出した。

「塁に出たら1球目から行け」

なぜ、そう言ったのか。

「これで成功すれば、その大会を通じて走るには十分な威力があると思ったんです。今後対戦する全部のチームに影響するなと。『健大高崎はけん制待ちみたいだったけど、どうも違うぞ』と感じるだろうと。ラッキーだったのは、利府のピッチャーのクイックが速くないし、キャッチャーの肩もよくなかったこと。無理やり行っても行けるバッテリーだったんですよ。なので、『けん制してこなくてスタートが一瞬遅れるかもしれないけど、それでも無理やり行け。成功するから』と」

これを実行したのが2番の星野雄亮。初回1死から四球で出ると、次打者の脇本直人への初球に盗塁。見事に成功させた。結果的にこの試合で11盗塁。けん制の有無にかかわらず走ったことで、いつでも走れることを証明。以降の対戦チームにプレッシャーをかけることに成功した。

機動破壊 其の二十

「ここでけん制が来るだろう」と思い始めると、いつになってもスタートは切れない。材料に乏しいときは、考えすぎないことも大切。

シャッフルのポイント

一塁走者の場合、シャッフル二度のツーシャッフルの後、左足を着き、右足が空中にある段階で打者のインパクトを迎える。右足が下りるまでに判断し、ゴーかバックかを決める（次ページ写真A）。

「リズムが大事です。ピッチャーの自由な足、軸足ではない方が前に行くタイミングでシャッフルを始めれば、足を高く上げても、クイックできても、リズムは合うと思います。注意するのは、ピッチャーが動いた瞬間にシャッフルをする選手です。そうすると、ピッチャーが足を高く上げた場合は3ステップ、4ステップになって、絶対に足が合わないんです。すべてクイックで準備しておいて、足を高く上げたらあわててシャッフルに行かなくていいだけです」

シャッフルをする際、基本的にはストレートを基準にするため、緩い変化球が来たときは少しタイミングがずれるが、そこはくり返し練習することで対応していく。常にゴロ・ゴーでの好スタートをイメージするが、打者が空振りしたり、見送ったりした場合には、素早く帰塁しなければならない。

ツーシャッフルの後、左足を着き、右足が空中にある段階で打者のインパクトを迎える。右足が下りるまでにゴーかバックかを判断する。

「けん制がないと判断した時点で、ランナーはキャッチャーを見ます。ゴロ・ゴーというのは、キャッチャーを見て、ボールを視野に入れておかないとダメなので、目が上手に動くかどうか。キャッチャーを見ていないと、キャッチャーからの一発けん制で全部死にますから」

機動破壊 其の二十一

シャッフルをする際、基本的にはクイックとストレートを基準にしてタイミングを合わせ、緩い変化球に対してはくり返し練習することで対応していく。

盗塁練習❶
段階を踏んでいく

リードとともに、新入生の必須課題となるのが盗塁だ。初めて練習に参加する3月25日から1年生大会の決勝が行われる5月10日頃まで、くり返し練習してマスターする。

「盗塁練習するのは、早ければ早い方がいい。ウチは1年生大会のために最初に練習します。結構時間をかけます。3月25日に入ってきて、約50日間あるんですけど、1年生大会中はアップが終わった後の最初の練習は、盗塁から入るぐらいにしておかないといけない。その日覚えたとしてもすぐ忘れますから、忘れないように、その時期だけは毎日やっておかないとダメだと思います。盗塁練習の中にスライディングも入ってくるし、リード時の構えやスタートの切り方なんかも当然やりますから」

最初はスタートの反応練習から始める。

「まずはアップの中で、指示者の手などのシグナルでやっていって、今度はピッチャーの動きでワン・ゴーをやる。最初はボールなし、けん制もなしで、セカンドに行くだけでやった方がいいですね。ピッチャーが動いた瞬間にスタートする。この動きが遅ければ盗塁は成立しないので、まずそれができるようにしておかないとダメです。読みが働いて、けん制がないと自分の中で決められたときに、最悪ピッチャーが動いた瞬間にスタートを切れないといけないので」

スタートの反応を磨いた後は、反対に帰塁の反応練習をする。

「今度はけん制だけの練習をします。自分の戻れる限界地点を知っておかないといけないので。最初はワン・バックとワン・ゴーで練習すればいいと思います。どっちもワンウェイしかない状態。読みとか判断はもっと先の話なので、これができれば盗塁に関するベースの部分ができることになります」

ワン・バック、ワン・ゴーとは投手が動いた瞬間に戻るだけ、行くだけという意味。

動いたら戻る、動いたら行くという反応を速くすることが第一だ。

「それがある程度固まってきたら、実際、キャッチャーが二塁ベースに投げるといいですね。キャッチャーが投げると、スライディングの距離がボールが来るのと来ないのとでは全然変わってきます。ランナーがボールを怖がって少し手前でスライディングを始めちゃったり、ショートが構えていると突っ込めない選手とかがいるので。

あとは滑る前に姿勢が立ってしまうような、明らかに高い体勢にならないようにしないといけない。受け身の姿勢を取りながら、怖がらずに突っ込んでいけるようにならなくてはいけないですね」

合格基準はとにかく見た目。逐一、葛原コーチがチェックする。

「スタートのときに、ピッチャーのインモーションとランナーの動きがいっしょになるように。ピッチャーがホームに投げるのと、ランナーがセカンドに走るのとズレがなくなってくるように。常に三塁側から見ておいて、誤差がなくなるまでやります。スタート練習は、ベース後方の一塁線上にも2人立たせて、3人同時にやっています。私が見ているのは一番前の選手だけです」

機動破壊　其の二十二

盗塁練習はその日覚えたとしてもすぐ忘れるもの。忘れないように、最初の導入の時

期だけは毎日やって身体に覚え込ませる。

盗塁練習❷
根気と数が勝負

くり返し練習して感覚がつかめてきたら、今度はより実戦に近づける。

「スタートの練習をした後は、三盗を中心にピッチャーのオーソドックスなクセの練習をします。わざとピッチャーにクセを出させて、肩が動いた瞬間に行けとか、首を動かせてランナーを見たときにベースに戻らないようにとか訓練づけてやっておく。クセのあるピッチャーは絶対に練習試合でめぐりあうので、『いつも練習でやってるやつだ』となり、またそこからさらに練習です。

公式戦になるとデータが用意されるので、あとはどのパターンにあてはまるか。クセから動く練習を日頃やっておけば、どんなパターンのピッチャーが来ても、ある程度対応できます。『明日のピッチャーは、これでやるよ』と言えば、試合前日の練習だけでも十分です」

葛原コーチは簡単に言うが、もちろんすぐにできるものではない。時間をかけ、根気よくやり続けなければいけない。

「その日、その日で選手はある程度納得はできると思うんですよ。入ってきた初日でも、2時間ぐらいやっていれば納得するので。ただ、次の日になったら2割ぐらい落ちています。最初に10割にして2割落ちて、また次10割にする。今度は1割5分ぐらい落ちて、10割にして1割落ちる。このくり返しで、ほとんど10割になるようにやっていきます。

1年生の最初の50日やってダメな選手は、試合に出てないですね。50日が終わると、上位5人はAチームに上がります。そうするとBチームに5人補充されるので、その5人が教える対象になっていく。夏が終わると今度はAに10人持っていかれるので、CからBになる10人が対象になります。そのくり返しです。常に下から上がってきた選手を教えなきゃいけない状況なので、我慢強く教えます」

感覚を身につけさせるため、とにかく根気と数の勝負。セーフになる、「行ける」という成功体験をいかに多くさせるか。投手が動いた瞬間の反応速度をいかに上げられるか。そこに時間をかけ、自信と興味を持たせられるかが、盗塁ができる選手を育てるための第一歩だ。

機動破壊 其の二十三

成功体験をいかに多くさせるか。反応速度をいかに上げられるか。自信と興味を持たせられるか。

せることが、盗塁ができる選手を育てるための第一歩。

盗塁をするメリットと、盗塁時の打者の心構え

アウトにならず、無死二塁を作れるというのは誰もが考えるメリットだろう。だが、実は盗塁できることが、バントする打者にも好影響をもたらしている。

「送りバントはセーフティーバントでいいと思っています。セーフティーで願わくば一、二塁みたいなイメージです。2ストライクまではセーフティーはセーフになるように、一、三塁のラインぎりぎりにやらせています。ファウルになって、追い込まれたら追い込まれたで別にいいんですよ。最終的にスライダーを投げてきますから。そうしたら、走ればいいだけ。ストライクゾーンに来たら勝手にランエンドヒットになるので、あまり怖くないですよね」

中途半端にセーフティーバントをやるくらいなら、きっちりと構えて送りバントした方がバントの成功率が高いのは間違いない。だが、健大高崎の場合は、バントを失敗しても最悪盗塁で1死二塁にはできるという自信があるため、打者の負担を減らすことができるのだ。「ファウルでもいい」と思っている分、気持ちが楽になり、かえっていい

バントができるようにもなる。

甲子園でも、バントを失敗した後の1死一塁から盗塁するケースはよく見るが、これだと相手にも見え見えのため成功率は低い。1死になってからではなく、無死一塁の2ストライクから走れることこそ、最大の強みなのだ。

また、盗塁時の打者の心構えとしては、

「できる者しかやっていませんけど、視野が広くてランナーが走ったのが目に入る選手は、ストレートだったら空振りする。たまにバントの構えをする選手もいます。

ただ、まったくランナーが見えない選手もいるんですよ。そういった選手にまで徹底させようとすると、走ってないときに普通のボールが来ても何もできなくなっちゃうので、強要はしないですね。

あとはベンチ、ランナーコーチ、ネクスト（の打者）が一体となって、スタートがよかったときに『打つな！』という声をかける。エンドランでもたまに『打つな！』があるんですけど、これは訓練ですね」

機動破壊は、走者1人で行うものではなく、打者やベンチ、コーチャーなど全員が同じ方向を向き、同じ価値観を共有することで成り立つのだ。

機動破壊　其の二十四
バントを失敗しても、最悪盗塁で1死二塁にはできるという自信がチーム全体にあるため、打者の負担を減らすこともできる。

スタート姿勢へのこだわりと、その練習法

「加速していくイメージは、全員に持てと言っています。最初の3歩でトップスピードに乗ろうぜと。走る姿勢の最初の5メートルは結構こだわります。意識するのは足を踏み出すときの形ですね。お尻がつぶれてしまい、身体が一直線にならない選手が一番多い（写真A）。つぶれると、やっぱり加速が悪くなります。踏み出す距離が本当に小さくなってしまう。しっかり土をつかんで蹴れないので、次に進む1歩も小さくなって、距離を稼いでいけない」

その姿勢を覚える方法として、2人組になっての練習がある。走者は進行方向に前向きに倒れ、受け手は走者が倒れてくるのを45度ぐらいの角度で受け止める。一度目、二度目は受け止めるが、三度目は受け止めず、走者は一度目、二度目のときと同じ角度ま

で傾いたところでスタートする。

このときのポイントは、頭から足まで身体が一直線になっていること。この姿勢を作れるかどうかで、1歩目がまったく変わってくる（次ページ写真B）。

「そのまま倒れていくと地面に激突するから、足が一歩出るという考え方でいいと思います。それじゃあコケるでしょ。だったら足を踏み出すよねという感じですね。受け止められたときに、しっかりまっすぐの姿勢を取ろうとすれば、必ず背筋と体幹に負担がかかります。その力を入れるポイントを覚えさせる。

1回、2回でパワーポイントが〝ここ〟とわかった後、3回目で離してや

気持ちだけが先に行き、身体がついていっていない。このようにお尻がつぶれてしまうと、しっかり土をつかんで蹴り出せないので、踏み出す距離が小さくなり、加速もつかない。

ポイントは、頭から足まで身体が一直線になっていること。この姿勢を作れるかどうかで、スタートの１歩目がまったく変わってくる。

ると、1歩目を踏み出したときにしっかり背筋と体幹が張った状態でスタートができるようになってくる。

『低い姿勢でスタートを切れ』と言われて、身体が前かがみになる選手もいます（次ページ写真C）。でもこのようにお尻が引けてしまうと、いくら蹴っても土を後ろに蹴るだけ。土をしっかりつかめていないので前に進みません。身体が一直線になることで、体重を全部足でつかまえられる状態になるので、力強く蹴れるということですね。平山は本当に無駄が少ない。ずっと一直線の形で体幹がつぶれることなくスタートできている（次ページ写真D）ので、しっかり土を蹴れていると思います」

平山敦規と脇本直人に、スタートのポイントを語ってもらった。

「2人組の前傾練習が身体に染みついています。あれで自分の一番きっちり行けるポイントが、盗塁のスタートの形になりました。スタートで気をつけるのは、体幹が下がらないことと上がらないこと。リードの構えから右手を身体の外側に持ってきて、ベースの正面に身体を向けて、スパイクのつま先の刃を思いっ切り蹴る感じです。ひざは硬くせず、楽な姿勢。右足のかかとは自分の中でちょっと浮かせている感じですね。左足は着いていますけど」（平山）

「低い重心でスタートするのを意識しています。地面を蹴るのが大事。左足で蹴りやすいスタートの姿勢ができるように心がけています。身体をセカンドの方向に倒していく

理想的なスタート姿勢。身体が一直線になることで、体幹がつぶれることなく体重を全部足でつかまえられるので、力強く地面を蹴り出せる。

ボールを落とさないように走ることで、軸のぶれない走り方を身体で覚える。

低い姿勢を意識するあまり、身体が前かがみになりお尻も引けている。地面をしっかりつかめていないため、土の表面を後ろに蹴るだけになり、前に進んでいかない。

イメージ。それは頭を倒すイメージなので、頭が先に動いていると思います。そこに右ひざが抜けてそのままトップスピードに乗れる感覚です。初めは走る場所がガタガタになってまっすぐ行かないことに悩んでました。しっかり左足で蹴って走る方向に踏み出すか、踏み出さないかで変わってくるので、そこを意識して直しました」（脇本）

それぞれ意識するポイントが違うのがわかる。基本を押さえて、あとは自分なりにアレンジする。それが自分の形を作ることにつながるのだ。

また、正しい走り方を身につけるために、両手にボールを1個ずつ持ち、その間にボールをひとつ挟んだまま落とさずに走るという練習もある（写真E）。ボールを落とさないように注意して走ることで、軸のぶれない走り方を身体で覚えるのだ。

「自分は結構横ぶりなのでいい練習ですね」（平山）

機動破壊 其の二十五

スタートの際、身体が一直線になることで、体重を全部足でつかまえられる状態となり、力強く蹴り出すことができる。

スライディングはひざから下だけで滑り、距離は40～50センチ以内

盗塁スタート時の最初の5メートルと同様、こだわるのが最後の5メートル。つまり、スライディングだ。

「スライディングは、二塁ベースの2メートル手前でやるものなのに、多くの選手がベースの10メートル手前の段階からスライディング動作に入るじゃないですか。その動きですごく遅くなるんですよ。だからウチでは練習するときに、二塁ベースの5メートル手前で見ていて、『オレを通過するときに不穏な動きを入れるな。ここまではただ走っているだけに見せろよ』と。

スライディングする瞬間の右足からベースまでの距離は、40～50センチ以内じゃないですか。だから、滑っている距離もそれぐらいだと思います。平山の場合は、ホント20センチぐらいしか滑らないですよ。左ひざもつくからもっと手前からスライディングしてるように見えるんですけど、右足のスパイクの刃が地面にかかるのは、ベースの20センチ手前です（写真A）。このスライディングをされると、セカンドベース上でショート

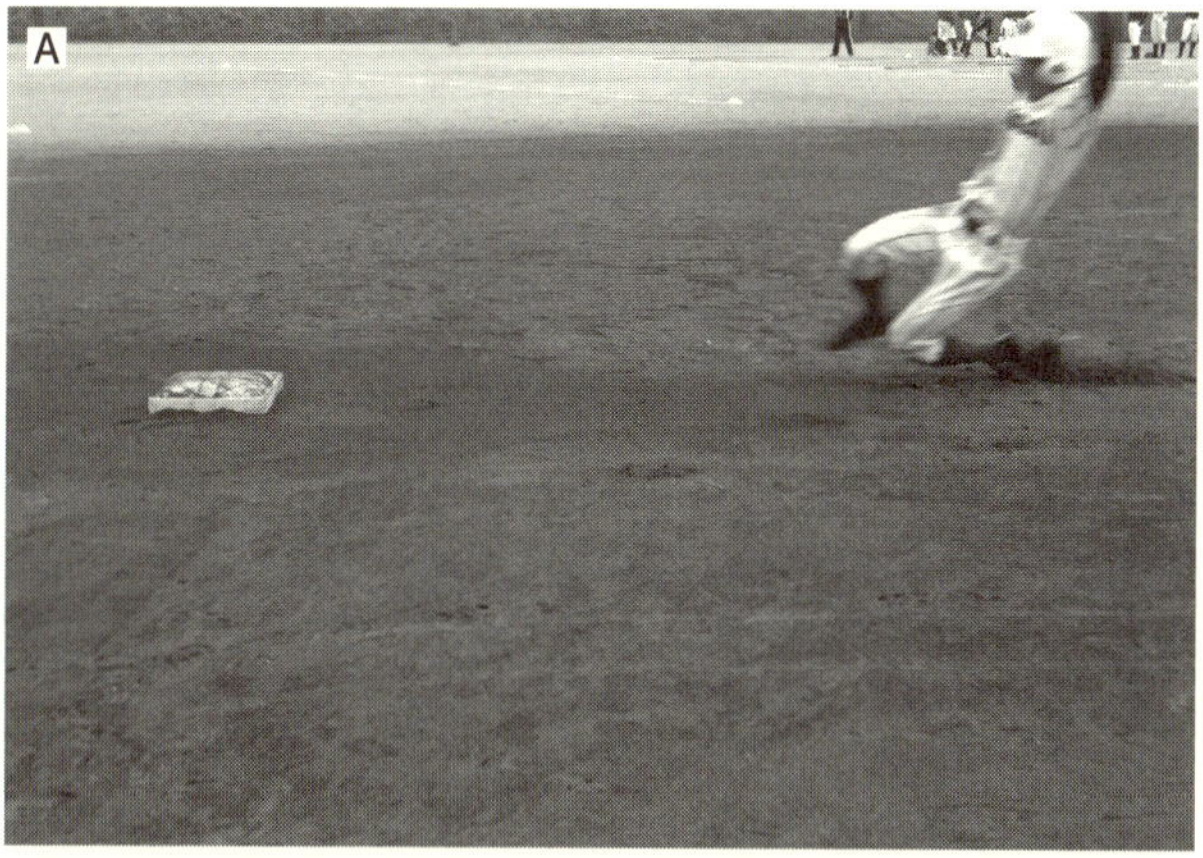

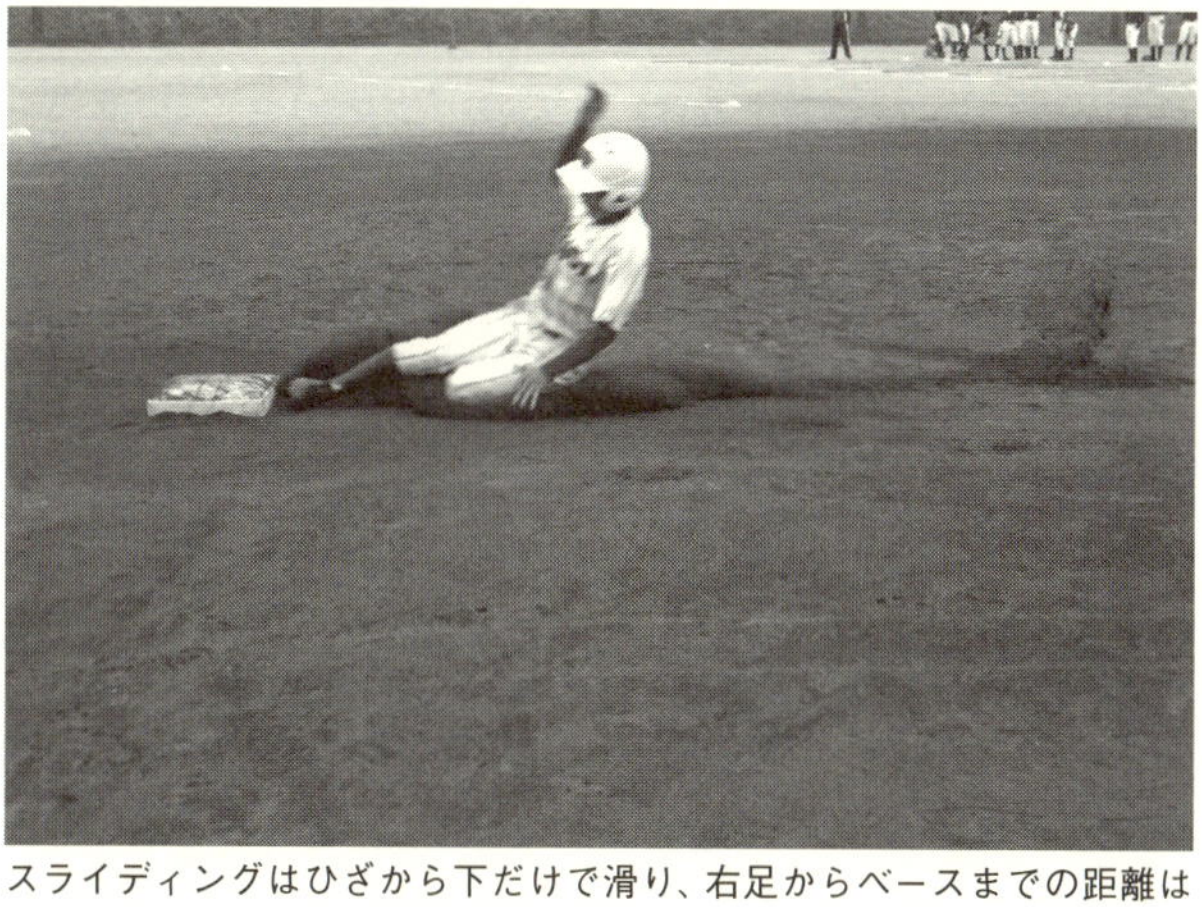

スライディングはひざから下だけで滑り、右足からベースまでの距離は40～50センチ以内。訓練を重ねて20センチくらいの距離で滑る選手もいる。滑る距離が短ければ短いほどブレーキがなくなる。

がタッチ動作をやるとき、ホント怖いですよ。タッチしたくないと思います（笑）」

できるだけぎりぎりまで、スライディングの姿勢は取らない。あくまでも普通に走っているだけ。それだけ勢いよく走ってくれれば、野手は恐怖を感じるし、審判への見栄えもよくなる。グローブよりも先に足がベースに入っているように見えるため、セーフになる確率が高くなるのだ。

「滑る距離が短ければ短いほどいいですね。ブレーキがなくなりますから。それと、タッチ動作は意外と時間がかかりますから、そのときに足が先に入ります。お尻は絶対に地面につけません。お尻がつけば、当然、自分の体重を全部受け止めることになりますから、それだけブレ

勢いがある上に、滑る距離が短く身体も必要以上に倒れないので、意識しなくてもすぐに立ち上がることができる。すかさず次の塁を狙うことも可能だ。

ーキがかかってしまう。お尻をつくことだけは許さないといってもいいです。できれば、太ももつかず、ひざから下だけが地面に接地するように滑ってほしいですね。そうすれば、ブレーキもかかりにくいし、すぐに立てます。平山はひざから下しかつかないですね」

勢いがある上に、滑る距離が短く身体も必要以上に倒れないので、意識しなくてもすぐに立ち上がることができる（写真B）。それによって、送球がそれたときなどにすかさず次の塁を狙う準備ができるわけだ。ちなみに、どちらの足で滑るかはこだわらない。それよりも大事なのは、二塁ベースにいかに速く到達するかだ。

「スライディングに入る直前までちゃんと走ること。上体が起き上がってくると、空気抵抗を受けてスピードが落ちてしまいますから」

ただ、ベース近くで滑る際に注意しなければいけないのはケガ。そのため、スライディング練習の際、ベース手前はトンボで土を集めて柔らかくし、滑るたびに綺麗にならす。また、最初の頃は移動ベースを使って行う。移動ベースなら、ベースを蹴飛ばすことができるからだ。慣れてきたら固定ベースを使うようにする。

「勢いがあるため、全部身体で受け止めてしまうときついので、前足がベースについた瞬間、滑った勢いを前に飛ばすという感じですね。伸ばしている足はセンター方向に抜けていくような感じで、うまく力を逃がしてやる。最終的にベースについているのは曲げている方の足ですね」

機動破壊　其の二十六

滑る距離は短ければ短いほどいい。お尻も絶対に地面につけない。自分の体重を全部受け止めることになり、ブレーキがかかってしまうからだ。

スライディングが上達するためには

余裕が出てくれば、スライディングの際に両手で頭を抱えるようにして、〝受け身〟の姿勢を取る。

「キャッチャーの送球が抜けることがありますからね。セカンド（二塁手）寄りにボールがそれたときに、ヘルメットや身体に当たったりするのでみんな怖がるんですよ。それでスピードが落ちてアウトとか。夏の大会前なんかは、『セカンド方向にそれたら当たれ。それでセーフをもらってこい。その盗塁で勝つかもしれないから』『お前は痛いかもしれないけど、チームはうれしいから』って（笑）」

脇本直人が、スライディングをマスターしたのは3年生の春の大会後。

「春が終わって、『走らなきゃいけない』みたいになって、走塁練習してから結構変わりました。自分は遠くからスライディングしていたんですけど、それを葛原コーチに指摘されて。『ショートをはじき飛ばすようにスライディングするイメージ』と言われて、そこからうまくできるようになりました。そのイメージでやってたら、自然に尻はつかなくなりました」

チーム一のスライディングの名手・平山にもポイントを語ってもらった。

「成功したときは尻も手もつかないですね。スライディングしてすぐ立てるように、ベースの直前で滑ろうとすると尻はつかないです。勢いをつけたまま、ベース近くでスライディングすると決めてるんで。遠くから滑ると、どうしても尻がつきますけど、近いとつかない。いかに近くから滑るかですね。

スライディングして、ベースに右足をかけるとすぐ立ち上がれます。そうすると、ボールがそれたら次のプレーに行けます。僕の場合は、ベースを吹っ飛ばそうとは思っていません。クッション代わりにする感じですね。勢いがついているから、ショートも怖いと思います。滑るときにスパイクを立てるとひざをケガします。身体はまっすぐに入るけど、スパイクは横向きにしていますね」

ちなみに、平山の場合、盗塁時は打者を見ず、そのまま二塁へ走る。

「バッターは見ないですね。金属なので音でわかりますし。走るときは追い込まれる前。

（次打者の）星野も『走っていいよ』と言ってくれていたので、打たないのを信じてました。エンドランの場合はバッターを見ます。スタートは普段よりちょっと遅らせますけど、空振りしたらセーフにならないといけないので、多少見る程度ですね」

機動破壊　其の二十七

ベースの直前で滑ろうとするとお尻はつかない。勢いをつけたまま、いかにベースの近くからスライディングできるかがポイント。

第3章

一塁走者の読みと、高等テクニック

投手のクセは、どこを見ればいいのか

盗塁を成功させるためには、いいスタートを切ることが必須条件。そのために有利な材料となるのが、投手のクセをつかむことだ。クセがわかっていれば安心感が生まれ、好スタートを切りやすくなる。

「小中学生の場合だと、やっぱり間《ま》を変えられる選手はいないと思います。ほぼ一定でしょうから、セットポジションのタイムを計っておくのはいいですね。セットに入って何秒後に投げるか。たぶん、ほとんど秒数はいっしょだと思います。中学生は、間を使うとかないでしょうから。高校生でも最初に入部した頃はないので。セットに入ってからの5秒って、ホントに長いんですよね」

その他に見るべきポイントはどこだろうか。

「ウチに入ってきて、走塁を何もしてこなかった選手たちに『どこを見ろ』と教えるのには、教えることが多すぎるんですよ。だから、最初はワン・ゴー、ワン・バックだけでいいと思います。そのタイミングが遅れないかだけ注意する。行くか、行かないかの決断はベンチがやればいいことですから」

そこから始めて、徐々に浸透していった後にようやく投手のどこに注目するか、その見るポイントを教える。

「手から動くか、足から動くか、身体から動くかは見ますね。最近増えてきたのは、右ピッチャーがけん制を速くするために、左足を開き気味にしたセットをしている選手（写真A）。こういうタイプはこのままの形ではホームに投げられないんですよ。左肩が入らないとホームに投げられないので、左肩が入った瞬間にスタートです」

　近年は健大高崎対策として、各校ともけん制を工夫している。中にはボークすれすれのけん制を駆使してくる学校もある。

「けん制に工夫が増えてきたので、注意

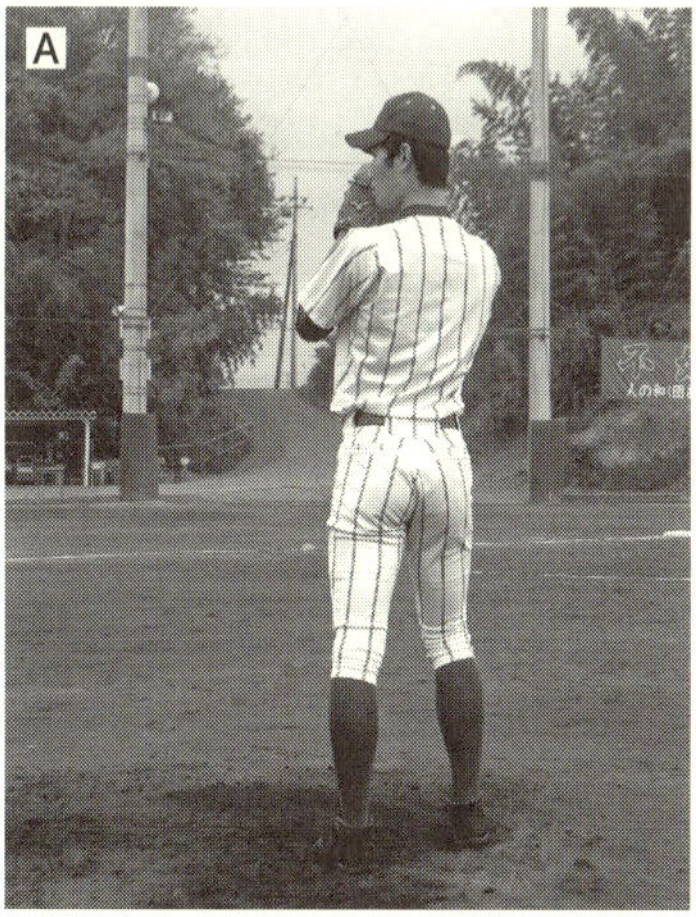

左足を開き気味にセットする右投手は、左肩を入れないとホームに投げられないので、左肩が入った瞬間にスタートする。

するのはスタートよりも帰塁の方ですね。一番厄介なのは、ばれないように肩を入れるひねりの動作を一瞬入れて、けん制をやってくる選手。本当はボークですけど、1球目だと取ってくれないことがあるので注意しています。ただ、9割強のピッチャーはその動作をしたらホームなので、1割弱はスルーしています」

その他、14年の群馬ではこんなけん制をする投手が多かった。

「通常は二塁ランナーを見ながらセットに入っていて、ホームに投げるために足が動くのと同時にホームを見るんですが、ホームに投げるときも首だけはけん制のときと同じように使うんです。この場合は、ヘルメットを深くかぶらせて目線を下げて対応させます」

目線を下げ、投手のベルトから下の部分に集中することによって、首の動きに惑わされないようにする。あくまでも、投手の足の動きを見てスタートするためだ。

この他、けん制時に出やすい特徴としては、一塁側に身体が流れていくこと。このタイプの投手の場合は、本塁方向からわかりやすいため、打者が「けん制！」と走者に教えることもある。左投手の場合は走者の方を向いていたらホーム、ホームを向いて足を上げたらけん制など、首の使い方に特徴が出やすい。グローブの動きで違いが出る場合も多いので注意して観察する。

「左ピッチャーはクセが出やすいですよね。左のけん制球は、ピッチャーの右足が下りた瞬間に、ランナーの体重が右足に乗っていても戻れるんです。右ピッチャーよりけん制球のスピードが遅いので。ただし、右足の外側に体重がかかると戻れなくなるので、重心は内側にかけておく。内側にかけている分には、すぐに切り返せますから」

クセがまったくつかめない場合は、ベンチの責任としてワン・ゴー、ワン・バックを選択することもある。参考までに、ストップ・ゴー・バックの判断基準として、もっとも初歩的な左投手のモーションを何パターンか示す（次ページ写真ＢＣＤＥ）。

機動破壊 其の二十八

投手が、手から動くか、足から動くか、身体から動くかはまず見る。その他、首の使い方やグローブの動きにも特徴が出やすいので注意して観察する。

データに頼りすぎず、柔軟に対応

練習試合では葛原コーチがベンチにいるが、公式戦ではいない。それまでに、コーチに頼らず選手たちが自分で考えられるようにならないといけない。

「データや傾向など、全体的には前日ミーティングで全部話しておきます。それをメモ

ホーム、一塁のどちらにでも投げられるので、ここではまだ動かない。

軸足が一塁方向に傾いてきたらバック。軸足のひざに注目。

上げた足（自由な足）が軸足とクロスしたらゴー。

お尻と重心がホーム側に傾き始めた瞬間にゴー。

して頭の中に入れてもらう。ただし、ミーティングでは、『そうじゃないかもしれないから』ということも必ず言う。データ通りじゃない場合はこうしなきゃダメだよ、と。そのときベンチにいる人の指示が、最優先になってくるということを伝えます」

試合ではランナーコーチャーがクセなどに目を光らせるのに加え、ベンチにストップウォッチ係がいる。投手のクイックや捕手の二塁送球など、データと大きな違いがないかを確認する。また、データにない選手が出てきた場合は新たに計測する。

「試合中は守備が終わって、攻撃のミーティングのときに情報を共有します。けん制のクセなども、最初に出たランナーや一塁コーチャーからの指示で共有。向こうも対策してきますし、対策を頑張っているチームだったら、本来やる予定だった作戦でも、ベンチの指示で『無理だからやめる』に変える場合もあります」

前の試合とはパターンを変えてくることもあれば、健大高崎と対戦する前はあえて技術を見せずに封印しているチームもある。そのためにアウトになることもあるが、それはある意味織り込み済み。想定内だからダメージも少ない。青柳監督もこう言う。

「アウト1個はしょうがねえなと思ってやっています。何ともないです。それに、選手たちは常にいろんなパターンを葛原コーチに教わっているから、柔軟に対応できますしね」

データに頼りすぎないとはこういうこと。その場で確認して、臨機応変に対応する。

データに頼りすぎて、無駄なアウトを増やさないように準備することが大切だ。

機動破壊 其の二十九

試合中は守備が終わって、攻撃のミーティングのときに、最初に出た走者や一塁コーチャーからの指示でけん制のクセなどの情報を共有。

自チームの投手陣に求めること

自分たちが相手投手を研究するように、相手も健大高崎の投手を研究してくる。自チームの走塁練習でマウンドに立つこともあるため、健大高崎の投手陣はクセの矯正やクイック、フィールディングに徹底的に時間を割いている——のかと思いきや、意外とそうではなかった。

「ピッチャー全員にやらせようと思ったこともありましたけど、方向性を変えました。目的は何かと考えたんです。最初は、目的が『スキのないチーム』だったんですよ。スキのないピッチャー、マウンドさばきがいいピッチャー。なので、ランナー一塁で盗塁なんかされないように、けん制やクイックでコントロールが乱れないように練習しました。ランナー二塁なら目切りのクイックができるようにとかを目指していたんですけど、できない選手はできないんですよね。

あと、タイプもあります。本格派であればあるほど、難しくなってきたりもするので、最近は目的を『ホームを踏まれないこと』に変えたんです。ノーアウト一塁で走られてもいい。バント処理できなくてもいい。1アウト三塁でもいいと。でも、そこからホームは踏ませちゃダメ。お前はバント処理の1歩目、けん制もクイックも遅いとかあるかもしれないけど、球だけは137、8キロを投げられる。それなら、ランナー三塁の場面では内野フライか三振を取れよと。球威がなくて、1アウト三塁だと必ず前に飛ばされるピッチャーなら、お前はけん制やクイックができなきゃダメだよと。ピッチャーにも生き方がいろいろあるんです。それを練習のときから徹底してやっています」

投手をタイプごとに個別化して、求めるものを変える。投手にとってこれは非常にありがたい。得意な分野を磨くことに専念できるからだ。健大高崎は継投が主になっているだけに、けん制が不得意な投手がずっと投げ続けることがないのも利点。1試合を通じて走られ続けることはないからだ。短いイニングでどう個性を出して、力を発揮しやすくするか。柔軟な発想で相手の機動力を気にしないで戦えるようにしている。

機動破壊　其の三十

最終的な目的は、「ホームを踏まれないこと」。投手をタイプごとに個別化して、それぞれに求めるものを変える。

甲子園で、プロレベルの捕手と対戦して得た教訓

甲子園レベルの捕手になると、二塁送球2秒0は当たり前。プロ注目の捕手ともなれば、1秒9台をマークしてくる。そのときには、なかなか走る勇気が出ない。さすがの健大高崎も甲子園で二度、苦い経験をしている。

一度目は、初出場した2011年夏の甲子園2回戦の横浜戦。相手捕手は二塁送球1秒9台の近藤健介（現北海道日本ハムファイターズ）。この試合で健大高崎はエンドランをひとつ敢行したものの、盗塁はゼロに終わった。

横浜は6回途中から左腕の相馬和磨が登板。9回途中からは右のサイドスロー・向井正揮がマウンドに上がり、盗塁の好機だったが、「横浜バッテリーは熟練されている」という先入観もあり、仕掛けることができなかった。

二度目は、4強に進出した12年のセンバツ。初戦から3試合で16盗塁を記録して迎えた準決勝の大阪桐蔭戦。相手捕手はコンスタントに2秒0台を記録する森友哉（現埼玉西武ライオンズ）だったが、盗塁ゼロに終わった。この試合でもっとも悔やまれるのは、足が止まってしまったこと。2回表1死一塁で、一塁走者の神戸和貴がワンバウンドの変化球でローボールスタート。これを森に見事に刺されたことで、盗塁もローボールスタートもできなくなってしまったのだ。

「神戸のときに肩を見せられちゃったんで、私も萎縮したっていうか無理だなと思っちゃったんですね」（青柳監督）

甲子園で上位進出するためには、避けては通れない壁。これを乗り越えるきっかけになったのが、センバツ直後の春の関東大会2回戦の帝京戦。この試合も、8回まで相手捕手の石川亮（現北海道日本ハムファイターズ）の前に盗塁を決められずにいた。0対1のまま、試合は9回を迎える。また盗塁ゼロで負けるパターンだった。

この流れを変えたのが中山奎太。9回1死から死球で出塁すると、この大会は部長としてベンチ入りしていた葛原コーチからゲキが飛んだ。

「どっかで行かないと、また負けるパターンだぞ」

これで奮起した中山は、1死から二盗に成功。さらに内田遼汰がライト前、大澤攻行もライト前で続いて同点に追いついた。結局、10回に2点を挙げて3対1で勝利。嫌な流れを変える大きな盗塁だった。葛原コーチは言う。

「そのとき初めて、全然走れない苦しい状況の9回にひとつ走れた。本当に必要な盗塁は1個でいい。接戦の終盤やリードされている場面など、大事なところでこそ行くべきと痛感しました」

甲子園で、プロレベルの捕手と対戦して得た教訓がある。

「あれからデータにとらわれないということを思い始めました。強肩を示す数字を見て、やっぱり止まるんですよね、足が。無理そうなバッテリーのときに一切動けなくなってしまう。だから、数字は重視するんですけど、重視しすぎちゃダメだと思います」

この経験から、選手たちにはこう聞く。

「走れないって言うけど、キャッチャーの二塁送球を計測する際に、ストップウォッチをどこで押してるの？」

そうすると、たいていがこんな会話になる。

「キャッチャーが捕ってから、ショートが捕るまでです」

「それで肩の強さはわかるけど、そのキャッチャーはどこに投げたの？　ショートは2メートルぐらい右で捕ってない？　そこからタッチまで計ったの？」

「タッチまでは計ってないです。ショートが捕ったときにストップウォッチを押しちゃいました」

これはデータであって、データではない。タッチしなければアウトにならないからだ。プロのスカウトではないのだから、肩の強さを知りたいのではない。試合に活かすデータにするため、正確さ、安定感、タッチまで何秒かかるかを知りたいのだ。

「タッチ動作って、めっちゃ時間かかるんですよね。二塁送球2・15秒ぐらいで、ベース10センチ上ぐらいに投げるのが一番いいと思うんですよ。毎回そこに投げられるんだったら、タイム的には2・15で十分。

でも、送球がそれたら、タッチ動作でかかる時間は0・2秒どころじゃないと思います。その間にランナーの足がベースに入ればセーフになるので。そういうことを考え始めて、スライディングの入り方も練習でやり始めたんです」

捕手の送球のぶれだけではない。

「探していけば、（盗塁に）行けるチャンスはいっぱいあるじゃないですか。簡単に言うとスライダーで決めにくるときとか。ショートバウンドを拾って投げれば送球もそれる可能性がある。

プロレベルのキャッチャーから、7個も8個も走るというのが不可能なのは確かなんですよ。だから、勝負所で、ちゃんとボールを選んで、そのチャンスがあったときにきちんと行ければ成立する。レベルの高いキャッチャーで読み間違えると、例えば外のストレートのときに走ると秒数的には苦しいのはありますよね。

でも、一番いけないのは、その読み違いを恐れてまったく何もしないこと。完全に封じられたということになってしまうので。アウトでも走った方がまだいいです。『まだ来るか？』というのがあった方がいい。ウチのランナーがその1球を読めるかどうかですよね」

相手のレベルが高いからこそ、チャレンジする。わずかなスキを逃さず、そこを突く。強肩で自信満々な相手だからこそ、ひとつの盗塁が価値を生む。心理を崩すきっかけにもなる。投手の前に捕手を崩す。それによって、心理戦というこちらのペースに引きずり込むことができる。

健大高崎は、失敗を教訓にして、さらなるレベルアップに成功した。プロ注目の強肩捕手にひるむのではない。レベルの高い相手だからこそ、ワクワクするのが今の健大高崎なのだ。

機動破壊 其の三十一

プロレベルの捕手から、7個も8個も走るのは不可能。だが、勝負所で1球を読んで、そのチャンスにきちんと行ければ盗塁は成立する。

対左投手で効果的なワン・ゴー

一塁走者に対して、右投手はターンしての速いけん制ができるが、走者に正対している左投手は勢いをつけたけん制ができない。そのため、左投手の方が一塁走者はリードを大きく取れる。また、右投手に比べてクイックが上手な投手が少ないため、右投手よりも盗塁しやすい条件が揃っていると言える。

だが、固定観念からか、正対していて完全に投手に姿を見られているからか、左投手が相手だと盗塁に苦手意識のある走者がいる。

「左ピッチャーの場合、動いた瞬間はけん制とホームに投げるフォームがいっしょじゃないですか。その時点では判断ができないので、けん制が来ないと決めつけて、ピッチャーが動いた瞬間に走るのがワン・ゴーです」

決めつけでもビビって走れない走者には、ベンチからワン・ゴーのサインを出してやることも必要だ。

「導入の段階（警戒されていない段階）なら、左ピッチャーがファーストに2回けん制したら多い方です。たまに1回入れておくか、という程度ですね。走ってこないというチームに対しては、盗塁を注意するというよりは、そろそろエンドランがくるかもしれないから、1球入れておくかというパターンが多い。だから、2回けん制が来たら大チャンスですね。もうピッチャーが動いた瞬間に行けばいい。最初はけん制してこなかった。エンドランカウントができたから1球けん制が来た。そしたら1球でもいいです」

実は、脇本直人は、左投手が相手の盗塁は得意ではないと言う。だが、ワン・ゴーは得意だった。

「左ピッチャーの場合は、通常リードよりプラス2歩ぐらいのスーパーリードを取っていたので、ワン・ゴーしか得意じゃないんです。それしかやっていませんでした。ポイントは、行くと決めたらピッチャーが動いた瞬間にスタートを切ること。速いけん制が来たら終わりなんですけど、左ピッチャーが軸足を外すと同時にするけん制はボークらしいので」

とにかく思い切ってスタートを切ることが大事だ。アウトはサインを出したベンチのせい。恐れるのではなく、積極的に次の塁を狙う姿勢を見せ続けられるか。これがワン・ゴー上達への道だ。

機動破壊　其の三十二

思い切ってスタートを切ることが大事。積極的に次の塁を狙う姿勢を見せ続けられる

か、それがワン・ゴー上達への道。

偽装スタート（偽走）のポイント

健大高崎の特徴として、他チームに比べると圧倒的に多いのが偽装スタートだ。「走る」というイメージがあるため、スタートの構えをするだけで相手はかなりあわてる。これにより、ストレートが多くなったり、ピッチドアウトして勝手にカウントを悪くしてくれたりと打者有利に持っていくことができる。

「偽走をする理由は、1球目に関しては完全にキャッチャーへのけん制ですね。キャッチャーは結構ボールから目を切りますよ。警戒しているから余計にパスボールします。1回偽走をした後は、バッテリー両方と、守備へのプレッシャーですね。いいショートがいるチームだと、『狙ってるぞ。スタート切ってくるぞ』という言葉がかかるので、それでピッチャーが何か考えるんですよね。考えてくれると、機動破壊に入っていく。得意分野である心理戦に持ち込めるんです。けん制をしてくるのか、クイックを速くしようとするタイプに変わるのか、ストレートを増やすタイプになるのか。いろんなパターンが出てきますから、それに応じた攻撃をしていきます」

具体的なやり方はこうだ。

「偽走は、3歩のパターンと5歩のパターンの2種類あります。5歩の場合、最初の右足の動きを1とするなら、左足の2、右足の3。ここまではきっちりセカンドベースに正対した状態で、スタートしている形を作る。その形がしっかりできていればできているほど、キャッチャーから見て走ったと思わせることができます。ホントに上手なときは、走っていないのにキャッチャーがセカンドに送球してくれますよ」

5歩のパターンでは、3歩目のつま先がポイント。ここでつま先が二塁方向を向いているかどうかが、捕手をだませるかどうかにつながる。次の4歩目でつま先を横向きにして、戻る準備に入る。3歩のパターンだと2歩目がポイントになる。

「2歩目のときに戻る構えに入ると、左足のつま先をピッチャー方向に向けてブレーキをかけようとするので、キャッチャーはわかるんですよ。『あぁ、行くマネね』と。キャッチャーがどこでランナーから目を切るかと考えると、2歩目の左足をしっかり踏み込んでいくことが大事なんです（写真A）。

偽走は戦術としてやってはいても、ホントに走ってるように見せるため、2歩目をしっかり意識してやってるチームというのはあまりないと思います。

あとは、クイックネスで止まるなど、身体の使い方も大切（写真B）なので冬場の鍛錬が必要ですね」

A

偽装スタートには、３歩と５歩の２パターンがあるが、共通するのは捕手に走ったと思わせること。始動直後の足のつま先を二塁方向に向け、しっかり足を踏み込んでいくと、捕手を欺くことができる。

B

盗塁と同じスタートを切っているため、ブレーキをかけて切り返す際にかなりの重力がかかる。強い体幹と俊敏な身のこなしが必要となる。

ベースを蹴って180度ターンして切り返す練習（※後述）も、偽走での戻りを向上させるために有効。5歩なら3歩目、3歩なら2歩目で、いかに二塁ベースに正対できるか。ここでの形にこだわれるかどうか。

「ただやってるだけの偽走だと、いいキャッチャーはすぐに気づきます。最初のひとつぐらいは、動いた瞬間に『来た』と思って足を踏み替えてくれるかもしれないけど、本当のスタートとの違いがわかってきますから、そうすると見向きもしてくれない。普通にバチッといいキャッチングをされてしまいます。

少しでも相手ベンチから『走った』という声を出させたい。キャッチャーを焦《あせ》らせたい。『走った』という声が早く出て、ピッチャーが焦ってコントロールを乱すこともあるかもしれない。投球が勝手に甘くなるかもしれない。クイックを速くやりすぎて球威が落ちるかもしれない。キャッチャーも、先に目がランナーに行ってしまって捕りそこなうかもしれない。いろんな可能性や利点が出てきます」

もちろん、実際にはスタートしないため、足の速さは関係ない。どの走者でも、何度でもやることができる。徹底して偽走をやることによって、「いつ走るんだよ」「走るんなら、さっさと走ってくれ」とイライラするバッテリーも出てくるはずだ。やればやるほど効果が上がり、リスクは少ないのが偽走だといえる。

「偽走は誰にでもできますよ。いろんな選手を見てきましたが、できないと思ったことはないです。ただ単に一生懸命走って、止まって戻るだけですからね。走塁の中では簡単なレベルだと思います。それと、偽走はバッターの負担になることはないですよね。ボールが甘くなったら打ちやすくなるだけなので。バッターに負担がかかるようならやらせないですけど、ボールに集中していればいいだけですからね」

機動破壊 其の三十三
偽走は誰にでもできるし、打者の負担になることはない。ボールが甘くなったら、打ちやすくなるだけだからだ。

偽走をやるメリット

偽装スタートの効用は、選手たちも実感している。もっとも盗塁を警戒されていた平山敦規は、警戒されているがゆえに特に偽走が有効だった。平山自身の偽走への考え方はどのようなものだったのだろうか。
「バッテリーに行くよと見せかけて、ボール球を誘うのが狙いですね。ポイントは盗塁と同じスタートを切ること。ちょっとでも遅らせたスタートだと、キャッチャーも『これは走ってない』と気づいちゃうので。

リードは半歩小さくするんですけど、盗塁と同じスタートを切るので、抜群のスタートで偽走したときは、キャッチャーにセカンドに投げさせたことが何回かあります。偽走をやると結構楽しいんですよ。ファーストとか野手が『走った！』と言うんですけど、それを聞いて『走んねぇよ』みたいな（笑）。キャッチャーも『行かねぇのか』ってなるじゃないですか。行かないときは行かないで、ずーっと偽走ばっかりやってました」

バッテリーを揺さぶるという目的があり、それが目に見えるから楽しめる。だから、偽走を入れるタイミングも計算していた。

「初球、いきなり行ってやったみたいに偽走を出しておけば、警戒するじゃないですか。それで2球目もやってみたり。初回にそれをやると、ピッチャーが焦るんで、その次は普通に何もなしにしたり、その次に走ったり、いろいろなパターンを入れています。これはサインではなく、自分の考えでやりますね。バントのサインが出ているときはやらないですけど」

もうひとつ、平山の場合は有事に備えての偽走という意味合いもあった。

「自由スチールで行けなかったときは、偽走に変えるんです。自分で盗塁と決めていても、ちょっとスタートが遅れたりするじゃないですか。『あー、ヤバい。アウトになるかも』というときは、偽走に変えて、止まってという場合もあります。盗塁から偽走に切り替えるというのはよくやってますね」

3歩、5歩の2種類のうち、平山は5歩を採用している。

「5歩ぐらい出るとキャッチャーも走ったと思いますから。それと、自分の中で5歩の方がしっくりきたので。あとは距離を見ることが大事。あまり出すぎるとアウトになっちゃいますから。スタートを切ってから思い切り走るので、どうしても勢いがついて、止まるときにちょっと滑っちゃうことがあるんですよ。だから雨のときは3歩に変えてます。グラウンド状況でリードを小さくしたりもしますね」

こだわるからこそ、気づきがあり、工夫が生まれる。力を注げば注ぐ分、考えるようになり、進化していくのだ。

だが、偽装スタートを多用すると、偽走したときに打者が打ってしまい、インパクトと1歩目が合わないということが出てくる。14年夏の甲子園の大阪桐蔭戦でも、7回裏に平山が二盗を決めた後、偽装スタート。打者が打ってファーストライナーという場面があった。「あのときの平山は足が合わなくて、止まってるんですよね。もし打球が抜けてても、本塁には還ってこれなかったかもしれないです」(葛原コーチ)

このときはライナーのため影響なかったが、安打の場合、特に二塁走者はインパクトに足が合う、合わないの差で1点取れるかどうかにかかわってくるため、指導者も気にしてしまいがちだ。

「割り切りも大事だと思うんですよ。なんで些細《ささい》なことばかり気にするのかなと思います。偽走でインパクトと足が合わないなんてのは、すごくまれですよ。何をするにしても、リスクは絶対あるんですよね。確かに、インパクトと合わないこともあると思います。でも、私からすれば、『そんなに気になりますか?』という感じです。『そうなったらしょうがないでしょ』と流せるレベルだと思いますね」

なぜ、しょうがないと言い切れるのか。それは、偽走をやることのメリットの方が大きいと感じているからだ。

「偽走をやることによって、1試合通じて相手にプレッシャーがかかることの方が大きいと考えています。両方を天秤にかけたときに、どっちが重いですかと。偽走をしたために足が合わないというのは、1試合に1回あるかどうかわからない。そのたまたまのことをずっと気にしてやらないというより、私は偽走を大事にしますよというタイプ。1試合影響を与える重さがありますからね」

そう言い切る以上、もちろん、リスクを回避するための準備もしている。

「本当に偽走を一生懸命やりたいときは、ボール球を誘うシーンが多いんです。2ボール0ストライクとか、初球で待てのときとか、そういうときを選んでやっています」

カウント別の考え方はP63で紹介しているが、ただやみくもに偽走をしているわけではない。どのカウントで偽走をした方が有効か、それもしっかり頭に叩き込まれているからこそ、偽走のリスクを減らすことができているのだ。

機動破壊 其の三十四

偽走をやることによって、1試合通じて相手にプレッシャーを与えることができる。効果的なカウントで偽走することで、リスクも減らす。

ディレードスチールは、なぜ決まるのか

もともと、野球においてディレードスチールが誕生したのは偶然だといわれている。盗塁のスタートが遅すぎた走者がいたが、捕手が投げなかったために盗塁に成功した。スタートの悪さに気づいた周りからは「何で投げねぇんだ！　あんなにスタート悪いのに」という言葉が出たが、当の捕手は「僕が見たときは走ってなかったんです。ボールが来たのでランナーから目を切ったら、走ったのかもしれないです」と答えている。たまたま遅れたことが幸いしたのだが、これを狙って行おうというのがディレードスチールなのだ。

この例でもわかるように、ディレードスチールが決まるか、決まらないかは、相手の

捕手の経験や知識によるところが大きい。そのため、ディレードスチールをやられた経験、やった経験のない捕手なら、比較的簡単に決まりやすいといえる。

「初めてやるチームは、相手がディレードスチールをやってくると思っていないので、キャッチャーのマークが甘い。群馬の場合は、ウチがたくさんやるからどのキャッチャーにもインプットされてますけど、ディレードがあまり浸透していない県や、練習試合ではやるけど、公式戦ではやっていないような県は、キャッチャーのマークは本当に甘いと思います。特に公式戦はデータが重視されますから、『このチームは走ってこない』とか、走ると思っていないチームのひとつめの盗塁がディレードだったら、防げないでしょうね」

あとは思い切ってスタートを切るだけ。

「タイミングよく走れば行けると思います。最初はやっぱり左バッターがいいですね。バッターとかぶってランナーが隠れるので。キャッチャーが情報として必要なことは、走ったかどうかなんですよね。基本的に、シャッフルが大きいかどうかを気にするのは少ないです。

『第二リードが変だ』というとらえ方をするのは、ディレードスチールの経験があるキャッチャーだけなので、その他のキャッチャーは走ったら走っただし、第二リードなら第二リードなんです。なので、やり始めとしては、手をいっぱいに使って距離を稼げる跳び方をして、斜め45度でとにかく遠くに跳ぶ、とことん大きく稼ぐことを意識してやる。それが最初の成功につながると思います」

機動破壊　其の三十五

ディレードスチールが決まるか、決まらないかは、相手の捕手の経験や知識によるところが大きい。タイミングよく、思い切ってスタートを切るだけだ。

ディレードスチールの基本と応用

基本は二度シャッフルしてスタート（走り始める）。あらかじめおおよそのスタート地点（走り始める地点）を決めておき、シャッフルでその場所に合うようにするが、何メートルの地点とは決まっていない。シャッフルで稼げる距離は、多ければ多いほどいいからだ。なお、リードは通常時と変わらない。

「ディレードのスタート（シャッフル後に走り始めるタイミング）は、投球がホームプレートを通過するところを目指してやっています。ただ、そこを目で見てスタートした場合、人間は反応速度があるので、絶対キャッチャーが捕ってからスタートするようになってしまう。だから、『ホームプレートとマウンドの真ん中を通過したらスタートしよう』と言っています。そうしたら、ホームプレート通過のところと合ってきますね。あとは、イメージをわかせるために、実際にキャッチャーとして座って捕らせてみると、どこで自分がランナーから目を切っているかがわかるので、スタートのタイミングもつかめてきますね。

相手の心理状態にもよりますが、この他にはショートをだますこともあります。いつもランナーの動きに注意しているキャッチャーとショートなのかどうか。最初の段階で目を切っているようなら、投球動作でピッチャーが前の足を着いたときぐらいにシャッフルを始めた方が、まったくノーマークになる可能性もあります」

実は、葛原コーチが走塁に興味を持つきっかけとなったのが、ディレードスチールだ。初めて見たのは、国士大時代のこと。

「投球はたらんとしたショートバウンドだったんです。キャッチャーは捕球してボールをこねていた。その間に、ランナーが二塁に行っていたんです(笑)。私はその1回の経験で、走塁の信者になりました。最初に目にした成功には、それだけのインパクトがあるんですね」

ディレードスチールの基本は、シャッフル、シャッフル、ゴー。スタート前の二度のシャッフルでいかに距離を稼ぐかが大事になってくる。そのため、両手を回すようにして反動をつけ、勢いよく跳ぶことが必要なのだ（次ページ写真A）。

「失敗するパターンは、やっぱりシャッフルが小さいときが多いですね。完全にキャッチャーをだましているのに、距離が足りないことがあります」

ただ、毎回、大きな動きでシャッフルをしていると、次からは相手にディレードスチールだとばれてしまう。慣れてきたら、手を大きく使わない通常のシャッフルで大きく距離を稼げるようにする。

「今、ウチがぴょーんとやると、県内のチームはディレードだとわかるので、小さく速くステップするというパターンもあります。『健大高崎は大きくぴょーんと跳ぶとディレードだから』という情報が流れたのなら、小さく跳べばいい。そうすると、今度は『小さくステップするときもとにかく油断するな』という指示が出始めますから、次はいかにやる気なく見せるかですよね。ダラッと第二リードを取ってスタートするとか。これはディレードをたくさんやっていけば難題として出てくることなので、そこはチームとしての特色をどれだけ出していけるかということだと思います」

警戒されればされるほど、工夫が必要になってくる。それを楽しめるかどうかがポイントだ。

「ワンシャッフルでのゴーもあります。ワンシャッフルはいいですよ。斜め45度に思い切りぴょーんと跳べば、ホントにスタートしているのとそんなにスピードも変わらない。

ディレードスチールでのシャッフルは、いかに距離を稼ぐかが大切。両手を広げて大きく回し、反動をつけて勢いよく跳ぶ。

それにワンシャッフルしかしないので、左バッターのときにやると、たまに遅れるキャッチャーがいるんですよ。この練習中、遅れたキャッチャーに『どうしたの？』と聞くと、『ランナーのスタートが悪かったので、走ったように見えなかった』と。左バッターに完全に隠れているときにスタートされると、キャッチャーの反応が遅れる。だったら、それを意図的に作らなきゃいけないなと」

この他、走者一、三塁ではシャッフル三度のスリーシャッフルのディレードスチールや、手を大きく回してディレードスチールと見せかけて走らないこともある。偽装スタートとの組み合わせも有効だ。

「偽装スタートをさんざんかましておいて、ディレードもやります。『面倒くせぇな。もう盗塁はないんでしょ』と思わせておいて、そこを突く。やる気のないステップをして、ようやくやめたと思ったらディレードとか。それも心理ですよね。ディレードステップという偽走もたまにやりますね。セカンドが『ディレード！』とか言いますけど、行ってないからって（笑）」

機動破壊　其の三十六

ディレードの基本は、シャッフル、シャッフル、ゴー。スタート前の二度のシャッフルでいかに距離を稼ぐかが大事になってくる。

よりディレードスチールが効果的な場面

〝機動破壊〟のイメージのせいで、相手チームの警戒レベルが上がり、現在の健大高崎は以前ほどディレードスチールを使えなくなっている。だが、そこで効果を発揮するのが、心理面の読みだ。

「使うのは相手の集中力が落ちたときですね。例えば、ウチが5対3で勝っていて、8回2アウト二塁で一本出て、6点目が入る。これはダメージが大きいんですよ。3点差になり、『あ〜』となった2アウト一塁の1球目ですね。これは誰が走ってもほとんどセーフになります。相手はだいたい集中力が切れていますから。

あとは審判に注意された後の初球。『クイックで（セットポジションが）止まってないよ』とか『けん制が多すぎるよ』とか、そういう後はすぐに（二塁に）行きます。これはもう、チーム内では暗黙の了解ですね。もちろん、それほど警戒されていない一般的なチームならいつでも成功します。それまでにやったことのないチームがやったら間違いなく決まりますよ」

集中力が切れていても、普通の盗塁だとさすがに気づかれることもあるが、ディレードは最初は走ったように見えないので、より効果的だ。数パターンあるディレードスチールの技術に加え、心理面を突く。これによって、どんなに警戒されながらでも決めることができるのだ。

「オーソドックスに、『ディレードならこのやり方』というハコ（基本形）を作っておく。大会になればデータが出てくるじゃないですか。それを作ってあるハコに当てはめて、ちょっと味付けする。

『キャッチャーがランナーを見るタイプだから、今回はこれにしよう』とか。今までやったことのないパターンを採用するとしても、ディレードに対する理論がすでに固まっているから、普段とは全然違うことをやるとしても対応できるんですよ。『あぁ、そういう相手だから、こうするんですね』という感じで、すぐに意図を理解することができます。大切なポイントをわかってくれてるんで、ちょっと変えても大丈夫なんですよ」

まずは基本を完璧に叩き込むことが大事。基本が徹底されているからこそ、応用もできるし、その場での変化にも柔軟に対応できる。いかにチームとしての基準を作れるか。すべてはそこにかかっている。

健大高崎といえばディレードスチールということで、練習試合でも相手は完全にマークしてくる。だが、十分に注意しているのにもかかわらず、初回に簡単に決められてしまうことが多々ある。たいていは、〝やる気のない〟ステップにだまされてしまうのだ。

雰囲気を消すステップについて、平山敦規はこう言っていた。

「行くというのを見せないで、脱力して何もやる気ない感じで跳んで、キャッチャーに届いた瞬間に走ります。やる気ない感じでも距離は稼ぐ。スタートはちょっと遅れても、ある程度距離を稼いでいれば、キャッチャーが捕る瞬間には走り始めているので。自分の場合は、ある程度足でセーフになるかなというのもありますし」

マークしていた相手は、普通に盗塁されるよりもダメージが大きい。走者を「注意していたはずだったのに……」と引きずる分、その後にも響く。警戒される中、包囲網をかいくぐって成功させるからこそ、機動破壊の威力は倍増する。健大高崎にとっては、過剰な警戒はむしろ歓迎なのかもしれない。

機動破壊 其の三十七
ディレードを警戒していた相手は、普通に盗塁されるよりダメージが大きい。「注意していたはずだったのに……」と引きずる分、その後にも響くのだ。

ローボールスタート（軌道スタート）のポイント

ボールが投手の手から離れた瞬間、その軌道からワンバウンドになると判断した時点でスタートを切るのが、ローボールスタート（ワンバン・ゴー）だ。ワンバウンドを捕手が弾いたのを見てからではなく、捕手にボールが到達する以前にスタートを切れるので、セーフになる確率が高くなる。万が一、捕球されたとしても、ワンバウンドの場合は捕手の体勢がよくないのでセーフになる確率は高い。ひざをついて捕球していれば、ほぼ間違いなくセーフだ。

「軌道でゴーです。判断する位置は、変化球の種類にもよるので一概には言えないんですけど、マウンドからホームプレートまでの真ん中を基準にしてます。そこでワンバンするかどうかを判断する」

捕手から距離の遠い二塁へなら、この時点でスタートが切れれば足の遅い走者でもほぼセーフになる（50メートル7秒台でも十分可能）。だが、捕手から距離の近い三塁に走る場合は注意が必要だ。

「ワンバンは一塁ランナーは全部行かせるんですけど、二塁ランナーの場合はちょっと難しくて、ショーバンでは行かせません。ショーバンはキャッチャーが捕るので、ハーフバウンドゴーなんですよ。弾くという前提で、ハーフバウンドの軌道でゴーしますね。ワンバンする前に走っちゃうので、当然、キャッチャーが捕る場合もあるんです。二塁ランナーの場合、捕ったらアウトの可能性が高い。だから、ウチでは捕ったら止まらせてます。止まって一生懸命戻ることを考えさせます。ただ、キャッチャーの動きが鈍ければ、そのまま走ってクロスプレーでセーフをもらう。捕って一発でセカンドに投げるのであれば、ターンスチール（※後述）も頭に入れておく」

機動破壊 其の三十八
軌道スタートは、ワンバウンドを捕手が弾いたのを見てからではなく、捕手にボールが到達する以前にスタートを切れるので、セーフになる確率が高い。

ショートバウンドとハーフバウンドの見極め

全盛期の駒大苫小牧は、走者二塁で捕手が一塁側に弾いたらスタート、三塁側に弾いたらストップと分けていたが、健大高崎は三塁側に弾いてもスタートする。
「これは訓練です。練習で数をやらないとダメですね。ベース前、ベース上はハーフバウンドになる。ショーバンとハーフバンの見極めは難しいし、時間がかかります。自分は身体で覚えさせるのが好きです。感覚でやらせていると、『あっ（ハーフバウンドだ）』というときがインプットされてくる。

1年生大会中は、試合に出る選手たちができるようになるまでやります。足が遅い選手でも、ベンチが責任を持つのを前提として、ワンバンと判断したら行けばいいんです。それがワンバンだったのかどうかという事実だけを大事にする。ショーバンでも走っていいというチームならそれでもいいですから、ショーバンになる軌道でゴーしてたかどうかだけを見てあげればいいと思います。1回成功するまでが長いかもしれないですけど、1回成功すると絶対にわかると思います」

ショートバウンドとハーフバウンドの見極めは難しいが、それほど心配しなくてもいい。なぜなら、捕手はワンバウンドを捕球できる捕手と、ワンバウンドを身体で止めるだけの捕手の2タイプに分かれるからだ。

「公式戦になったらデータです。ワンバンを身体で止めるキャッチャーと、捕るキャッチャーがいますよね。捕るキャッチャーならとことんハーフバン・ゴーにしておかないといけない。でも、止めにくるキャッチャーはショーバンでも行けます」

機動破壊　其の三十九

ベース前、ベース上はハーフバウンドになる。ワンバンを身体で止めにくる捕手は、ショートバウンドでも行ける。

なぜハーフバウンドはゴーで、ショートバウンドはストップなのか

近年はローボールスタートを練習しているチームが増えたが、走者二塁のときにショートバウンドとハーフバウンドでゴー、ストップを分けているチームは少ない。なぜ、健大高崎はそこまでこだわるようになったのだろうか。

「ノーアウト二塁で送りバントをミスして0ボール2ストライクになったとき、バスターに切り替えることがあるじゃないですか。ハーフバウンドでワンバンするボールは、バッターが振らないのでゴーしてほしいんですよね。ただ、ショートバウンドのところでワンバンする場合は、いい変化球だとバッターが振るんですよ。そうすると振り逃げになってきます。

そのときにショーバン・ゴーをして、キャッチャーが捕っているからという理由で止まると、一塁への送球間にサードに行けないんですよ。でも、振り逃げになったときに、二塁ランナーの体重がセカンド側に少し残っているだけで、キャッチャーはまず二塁へ投げてきませんから、（二塁走者を）目でけん制したのを見た瞬間に三塁に行ける。逆

に、体重が三塁側に傾いていると、キャッチャーが三塁へ走ると判断して投げてくる可能性があります。それでハーフバンとショーバンで対応を変えました」

14年夏の群馬大会前から練習を始め、県大会準々決勝の沼田戦では、スライダーのいい相手エースから、初回にいきなり成功を収めている。

まずは難易度の低い一塁から二塁への軌道スタートから練習し、次に二塁から三塁、その次にショートバウンドとハーフバウンドを見極めて、行く行かないを変えるというように、徐々に段階を踏んで練習していくのが得策だ。

「練習でできて、試合でできないと言う人もいるんですが、それは指導者が悪いですよね。絶対にアウトになったとき怒ってるんですよ。試合でも、ワンバンが来たら全部行かせればいい。行って捕られたらアウトになります。そうなったときに、どこまで譲歩するか。『その練習をしてるんだから、今のを何回もやっていこうぜ』と言えば、選手たちはやるんです。それがチームカラーですから。そういう走る体質のチームに徹底的に持っていった方がいいですね。中途半端に最初から判断させると、選手たちは行かないんですよ。行かなきゃ怒られないですから」

ワンバウンドならすべてゴーで軌道を見極める目と勇気を養い、それから判断に入っていく。成功への道は、とにかく数をこなすこと。実際に投手に投球してもらい、ストレートと変化球のミックスでノーバウンドとワンバウンドを混ぜながら、スタート練習をくり返す。実戦に近い状況での練習の積み重ねが自信になり、試合でスタートできる勇気につながる。

［実例4 岩国戦］

２０１４年夏の甲子園初戦の岩国戦。初回２死から二塁打で出た脇本直人が、次打者の長島僚平の４球目のスライダーがワンバウンドになったのを見逃さず、素晴らしいスタートで三塁を奪った。岩国のエース・柳川健大は投球の約７割がスライダーという投手。さらに捕手の水野大地はワンバウンドは止めるだけというデータがあったため、積極的にローボールスタートを狙えという指示が出ていた。この投球のときも、水野はワンバウンドを捕球せず、止めるだけになっている。脇本は言う。

「これも春が終わってからレベルアップしました。軌道でショーバンになりそうだと思ったときに行けるようになりました。前まではハーフバウンドぐらいしかいけなかったですけど、ちょっと早めにスタートできるようになりました。キャッチャーのサインも見て、変化球っぽかったら予測して、そういう軌道になったら行こうと頭に入れてやっていました」

この試合では、４回にも山上貴之が好走塁を見せた。無死一塁で７番・柴引良介の初球、１３４キロのストレートがワンバウンドになるのを見越して、軌道でスタート。捕手が後逸する間に一挙三塁まで奪った。

相手の配球、捕手のワンバウンド処理のデータプラス観察。このJK（準備・確認）があったからこそ、躊躇ないスタートが切れた。日々の練習とデータの活用。これができれば、ローボールスタートの成功率も格段にアップする。

機動破壊 其の四十
まず最初は、ワンバウンならすべてゴーで軌道を見極める目と勇気を養い、徐々に段階を踏んで判断に入っていく。成功への道は、とにかく数をこなすこと。

一塁走者のテクニック
――レフト前、センター前のシングルヒットの場合

シングルヒットが出たときの、一塁走者の走塁にもちょっとしたこだわりがある。ゴロ・ゴーの感覚でスタートを切った後、全力で二塁ベースへ向かうのは当然だが、ベース手前であえて減速するようにしている（次ページ図A）。

「全力で二塁まで行ってオーバーランというのは、ブレーキのイメージがすごく強いん

■図A　一塁走者のテクニック

レフト前、センター前のシングルヒットの場合

一塁走者は、レフト（センター）が捕る直前に１回スピードを緩めて、捕る瞬間にもう１回加速する。加速したときに弾いていれば、三塁へ行ける。レフト（センター）が捕るのと、ベースを踏むのがちょうどいっしょになるぐらいがいい。あえてスピードを緩めることによって、野手を確認しやすくするのだ。

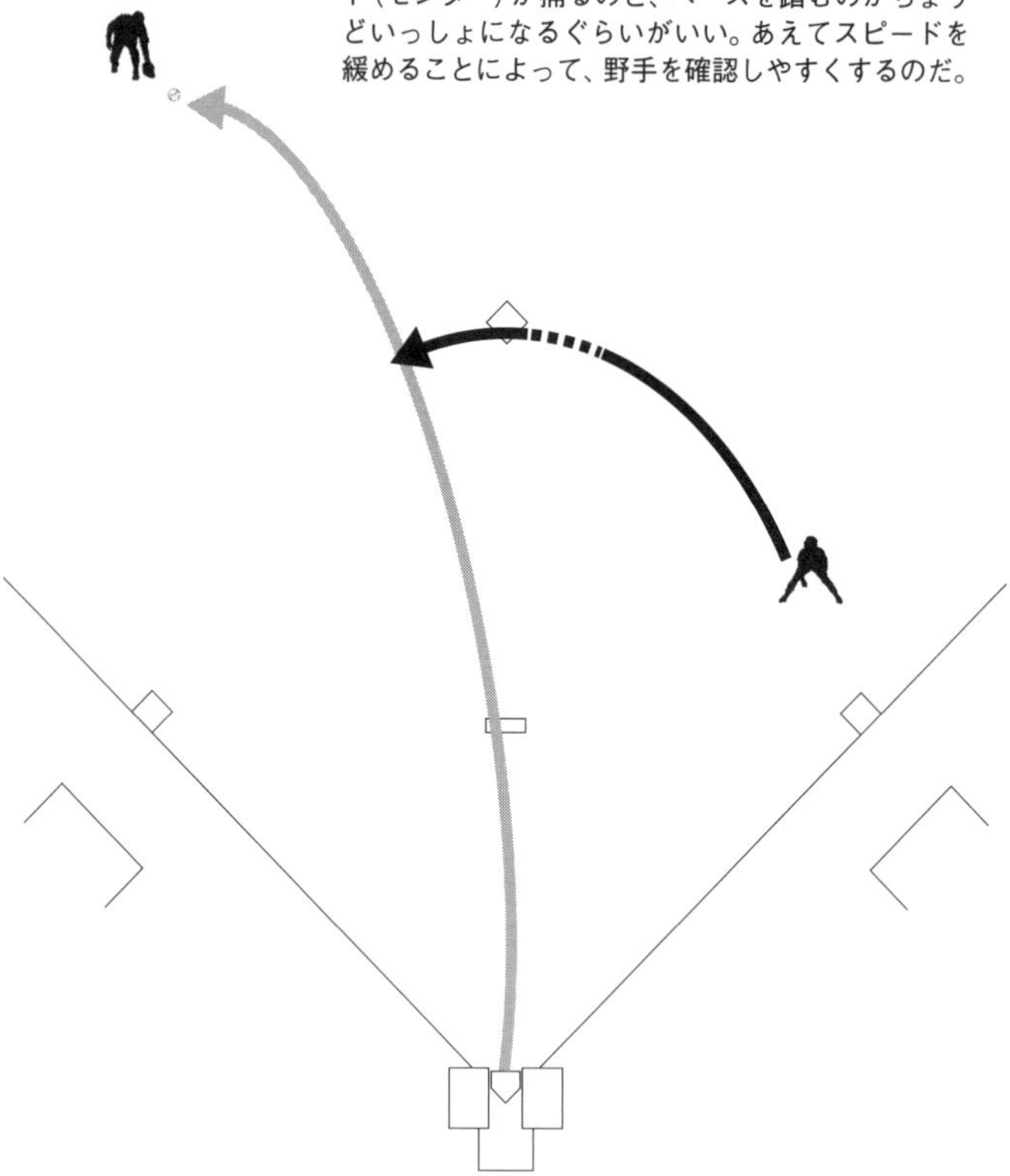

ですよ。走塁を一生懸命やってるチームは、全力で行ってレフトが捕ったら止まるという形が多いです。でも、これだとレフトが弾いてもブレーキがかかっているので、もう1回行こうとしても無理。三塁を狙ってるふりなんですよね。

だからウチでは、レフトが捕る直前に1回スピードを緩めて、捕る瞬間にもう1回加速する。加速したときに弾いていれば、三塁へ行けます。レフトが捕るのと、ベースを踏むのがちょうどいっしょになるぐらいがいいですね」

あえてスピードを緩めることによって、野手の動きを確認しやすくする。全速力で走っていてセンターを確認するのは難しいが、これなら首を回しながらセンターを見ることができる。ちなみに、ライト前へのシングルヒットの際も判断は三塁コーチャーに頼らず、走者自身で行う。

投手が投げる前にライトの位置を確認し、打球の飛んだ位置や強さなどを考慮して三塁へ行くか行かないかを決める。三塁コーチャーの指示を仰ぐのは、ライト線への打球のときだけだ。コーチャーではなく、走者自身が決める。この気持ちがなければ、間一髪セーフの走塁はできない。

機動破壊 其の四十一
全速力で走っていてセンターを確認するのは難しいが、あえてスピードを緩めること

によって、**野手の動きを確認しやすくする。**

一塁走者のタッチアップ——外野フライの場合

試合で意外と多くあるのが、走者一塁での外野フライだ。大きなフライでもハーフウェーを取り、捕球されると同時にバックというのが一般的なパターンだが、ここでも二塁を奪うチャンスはある。

「打球が飛べば飛ぶほど、ハーフウェーは大きくしていくものですよね。場合によっては、セカンドベースについて、（一塁ベースへ）逆のタッチアップになります。でも、高いフライで、外野手がランニングを緩めたような打球は、高校生レベルになれば落下点に入っていて落とすとは思いません。ハーフウェーの大きいチームが優秀だと言われてますけど、それも私は格好だけだと思ってます」

では、健大高崎ではどうするのか。

「タッチアップです。落下点に入っている、もしくは完全に追いつけるというランニングの緩んだような追い方の場合は、タッチアップの体勢を取る方が、次の塁を狙うには現実的だと思います。もちろん、右中間や左中間の全速力で追っている打球、外野手がぎりぎり手を伸ばして捕るような打球は、極力大きなハーフウェーを取ることが正しいですけどね」

実際、14年夏の埼玉県大会決勝・春日部共栄対市川越の試合では、9回表に市川越が1死一塁から大きなセンターフライで一塁走者がタッチアップに成功している。このときもそうだったが、フェンス際への大きなフライの場合は、セカンド、ショートがともにカットの位置に入ろうとして二塁ベースががら空きになることがある。そのスキを逃さないためにも、タッチアップの準備をすることは重要だ。

長打力のある打者で、外野手が長打警戒シフトを敷いていれば、かなりの確率でタッチアップ可能なフライはある。練習ではなかなかやりづらいプレーだからこそ、意識を高くして、日頃からの準備を忘れないようにしたい。

「ここまで追求してやってると、面倒くさくなってくるんですよ。だいたいのチームは、『そこまでやらなくても打つし……』みたいになってくる。それでもこだわれるか。本当は、バッティングの邪魔にならないように走塁を入れたいんです。走塁は絶対にバッティングありきです。走塁だけのチームはまったく怖くないですよね。走塁があって、なおかつ打ってくるというのがないとダメなんです」

準備・確認のJKと、ここまでやるかのKY精神。これがなければ、走塁の上達はありえない。面倒くさい練習をいかにくり返すか。これが走塁力向上には欠かせないのだ。

機動破壊　其の四十二

落下点に入っている、もしくは完全に追いつけるという追い方を外野手がしている場合は、タッチアップの体勢を取る方が、次の塁を狙うには現実的。

走者一、三塁でダブルスチールを成功させる方法

「セカンド（二塁手）の位置を見ておかないとダメですね。ランナー一、三塁は、多くのチームがセーフティースクイズを使ってくるので、右バッターも左バッターも一塁側にバントするような構えをしてあげると、セカンドが一塁側に行ってくれる。そうしたらカットに入れませんから、キャッチャーが投げたら直通にしかならない。だから三塁ランナーはホームに来いと。

そのとき、当然、一塁ランナーは普通に走るんじゃなくてディレードにします。最初から走ると、セカンドも二塁ベースに動きますから。そうならないため、ウチはわざと一塁ランナーはスリーステップのシャッフルをやらせています。ポンポンポンと3回や

■図A　一塁走者の高等テクニック
走者一、三塁で、三塁走者を本塁に行かせたい場合

一塁走者は、一、二塁間の半分の地点まで進んだらスライディングしてブレーキ。あまり二塁ベースの近くまで行くと、そのままショートに追われてタッチアウトになるので、半分の位置で行う。そこからわざと挟まれてランダウンプレーに持ち込み、最終的にはライト方向へファーストを追わせる。ファーストがホームに投げる距離を少しでも長くするためで、倒れるなどして姿勢を低くさせれば、なおいい。

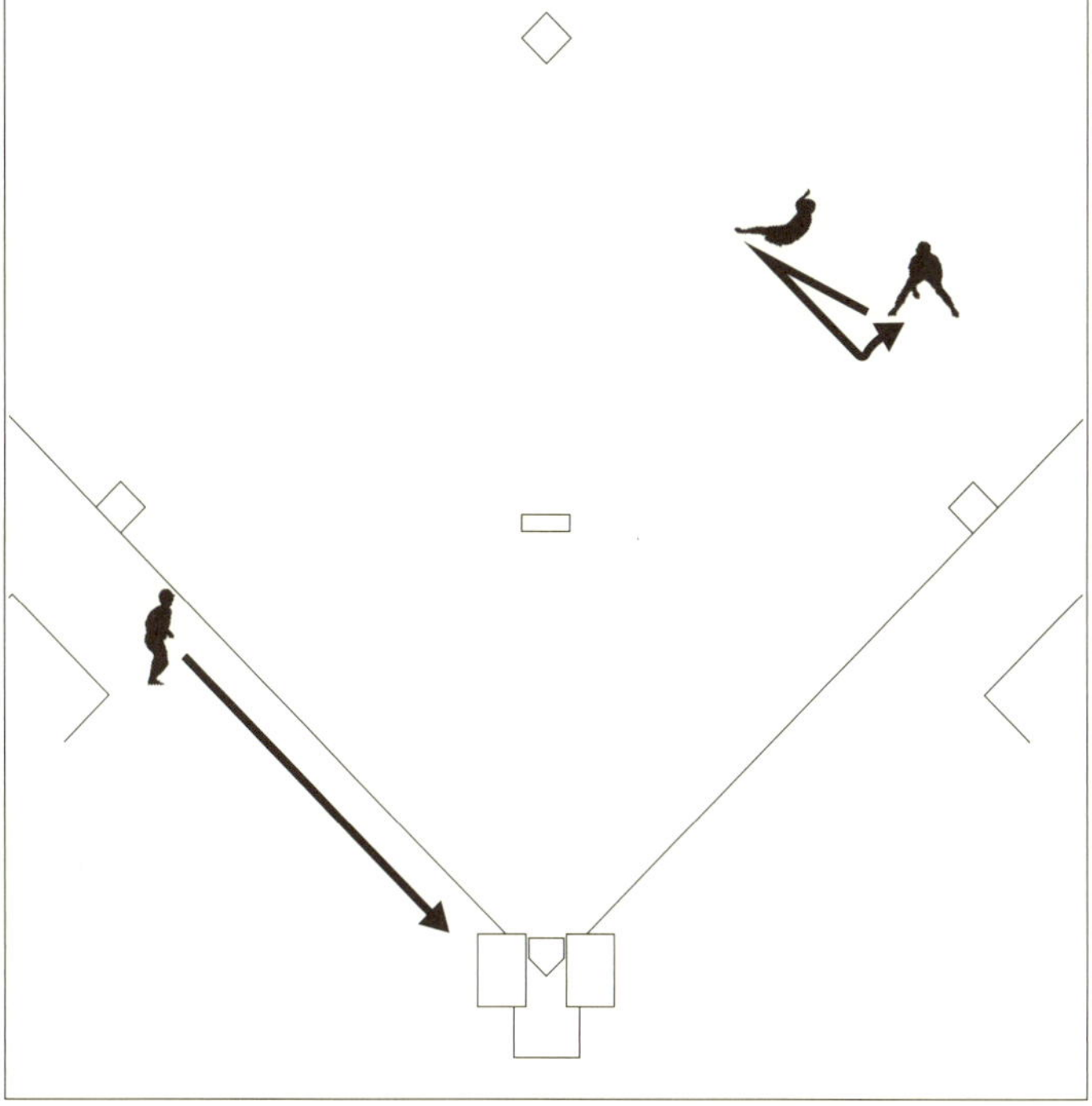

ると、セカンドとしてはまったく走っていないように見える。キャッチャーサイドからすると、『こいつ何してんの？　殺してやろう』という感じになります」

二塁手にはわかりにくく、捕手にはわかりやすく。これで二塁送球を誘うことができれば、かなりの確率で三塁走者はホームインできる。

「一塁ランナーには、普通に盗塁のサインが出ることもあります。キャッチャーが投げなければ二、三塁にするだけ。投げてきてアウトになりそうだったら、センター方向にスライディングします。捕球からタッチに行ったとき、その位置を少しでもホームから遠い場所にするためです」

他にも、走者一、三塁で、三塁走者を本塁に行かせる方法はあるのだろうか。

「一塁ランナーは、止まれというサインもあります。そのときは、一、二塁間の半分の地点まで進んだらスライディングです。スライディングをブレーキ（代わり）にするんですよ。あまり二塁ベースの近くまで行くと、そのままショートが追ってきてタッチされてアウトになるので、半分の位置でやります」

真ん中を越えた時点でスライディングをして、わざと挟まれてランダウンプレーに持ち込む（前ページ図A）。

「1アウトだったらライト方向へファーストを追わせます。2アウトだったら頑張る（粘る）」

ライト方向へ逃げるのは先ほどと同様で、ファーストがホームに投げる距離を少しでも長くするため。倒れるなどして姿勢を低くさせれば、なおいい。同じアウトになるにしても、アウトのなり方にもこだわっている。

［**実例 5　大阪桐蔭戦**］

14年夏の甲子園準々決勝の大阪桐蔭戦。4回裏、同点に追いつき、なおも2死一、三塁の場面で一塁走者の柴引良介がスタート。捕手が二塁に送球する間に、三塁走者の柘植世那が本塁に突入してセーフになった。カットに入ったセカンドの峯本匠は本塁送球を焦り落球。柘植の好スタートにあわてた結果だった。

「あれはランエンドヒットです。バッターが打つ可能性があったけど、空振り。そこで柴引が機転を利かせて（途中でスライディングして）止まったんですね。エンドランの場合は（そのまま二塁に走っていくため）セカンドでアウトになってしまう。柴引は自分のことをよくわかっている（足が遅い）から、空振りしたら止まると決めていたんでしょうね。2アウトということもあって、ランダウンプレーに持ち込もうと」

完璧に決まり、勝ち越しかと思われたが、主審は打者の横溝拓斗が捕手の二塁送球を妨げたとして守備妨害でアウト。得点は幻に終わった。ちなみに、このときの捕手横井佑弥の二塁送球タイムは2秒06。峯本が二塁ベースやや手前で捕球しようとはしているものの、十分な好タイムだ。妨害したと言われるには気の毒な判定だった。

機動破壊 其の四十三

ホームに投げる距離と時間を少しでも長くするため、アウトになる位置やアウトになる姿勢など、アウトのなり方にもこだわる。

第4章

二塁走者の基本と、高等テクニック

二塁走者のリードは5メートルで、第二リードは9メートル

基本のリード幅は5メートル（写真A）。無死と1死は盗塁を考えるため、二塁と三塁を結んだライン上にリードを取り（写真B）、2死の場合は本塁まで一本で還ることを優先させるため、ラインより後ろに下がってリードを取る（写真C）。

「走塁を徹底してやっていくと、すべて好走塁しようとしちゃうんですよね。なので、ウチの決め事として、『ノーアウトは二塁まで、1アウトは三塁まで、2アウトは三塁でアウトにならない』というのがあるんです。そうしておかないと、ノーアウトで左中間を破ったときに、バッターランナーが三塁憤死というのが出てきてしまう。『ノーアウト二塁でも点は入るのに……』ということになりかねないですからね。

その観点からすると、1アウトでは三塁を目指すというのがひとつの課題になってきます。1アウト二塁でヒットが出たときに、ホームまで無理しすぎてしまうというのも結構あるんですよね。でも、1アウト一、三塁から点を取る形でもいいわけですから。

例えば、1アウト二塁からヒットが出て、無理に走って1点入ったとしても、その後

二塁走者のリードは５メートルで、第二リードは９メートル。これは他の強豪校と比べてもかなり大きい。

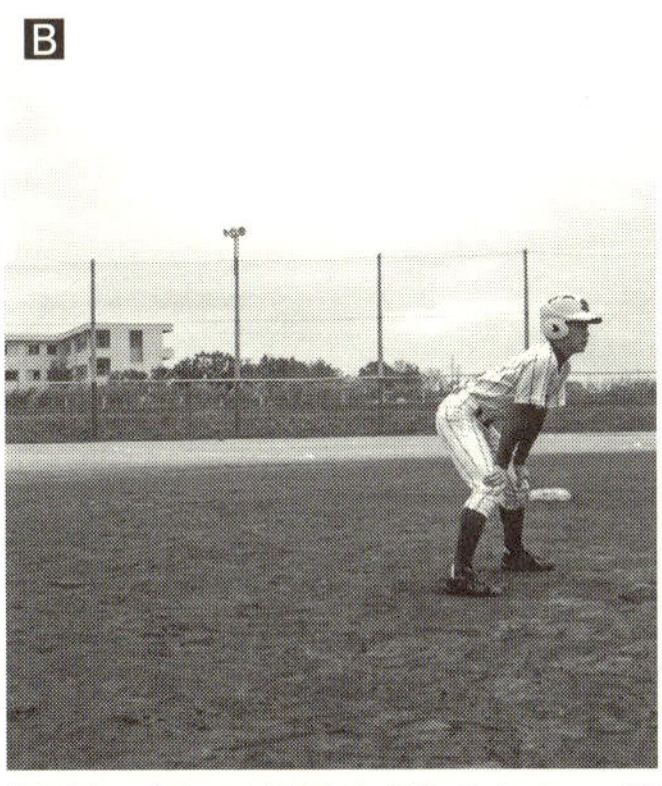

無死と１死では盗塁を考えるため、二塁と三塁を結んだライン上にリードを取り、最短距離で三塁を狙う。

２死では本塁まで一本で還ることを優先させるため、ラインより後ろに下がってリードを取り、三塁ベースでのふくらみを抑える。

に残った状況は1アウト一塁。逆に、1アウト二塁からのヒットで無理せず1アウト一、三塁の状況にしておいて、そこからランナー二、三塁にするのは難しくない。二、三塁から1ヒットで2点というのはイメージしやすいですよね。ランナーを溜めておいた方が、ビッグイニングになりやすいんですよ。それもあって、ノーアウト、1アウトのときのリードの位置は、ライン上なんですよね。

2アウトは一本（のヒット）で還るのを重視して、ラインの後ろなんですけど、14年夏の大会は言いつけを守ってなかったですね……。盗塁すると褒めてもらえるから、選手たちは走りたくてしょうがない感じでした。2アウト二塁から、いくつ盗塁してるんだって話です。私自身は2アウト二塁を三塁にすることに、そこまで意味を感じる人間ではないので……」

5メートルのリードは他のチームと比べてもかなり大きい。一見、危険にも見えるが、葛原コーチは自信を持っている。

「自分のチームのピッチャーが、二塁けん制は速さ、種類ともに一番うまいと思っています。ウチの紅白戦でアウトにならなければ、どこのチームとやってもアウトにならないと思ってやっています」

自分たちが走塁に力を入れるからこそ、それを防ぐための守備もうまくなる。最高の走者を刺すための練習をすることで守備力が向上し、その守備と対戦する走者も鍛えられる。まさに相乗効果だ。その自信があるからか、第二リードもかなり大きい。

「第二リードは9メートルですね。横浜高校が8メートルと聞いたので、ウチは9メートルにしようと始めました。線を引いて練習を始めたんですが、さすがに10メートルは厳しかったですね」

走塁のレベルが高い横浜でも8メートルなのだ。にもかかわらず、健大高崎はさらに1メートル大きい。

「9メートルにさじ加減を入れないとダメですね。それより大きく出られるときもありますから。あとはキャッチャーを観察する。キャッチャーからセカンドに投げるときは、雰囲気が出るので。例えば外に外す、あるいは高めに外すかもしれないですけど、何らかモーションが出てきます。

そういうボールは、バッターは打たない。打たないのに大きなリードを取ることはないので、第二リードの途中で中止することが大事。逆にまったく雰囲気を出さないキャッチャーがいたら、ターンスチールに変える練習もやってます」

機動破壊 其の四十四

ノーアウトは二塁まで、1アウトは三塁まで、2アウトは三塁でアウトにならない。1アウト二塁でヒットが出たときに、ホームまで無理しすぎない。

二塁走者のリード時の心得

姿勢や構えは一塁走者時と同じだ。ただ、意識は変わってくる。

「一塁ランナーのときよりも、むしろ早く準備しろと言っています。セカンドには一発けん制があるので。ピッチャーがキャッチャーのサインを見ているときに、油断しないよう早めに構えさせます」

一塁走者のときはツーシャッフルだったが、それでは9メートル稼げない。そのため、二塁走者のときはワンクロス入れてからのツーシャッフルで出る。

「方法は任せています。ただ、『9メートルに来い』と。見ていると、みんなワンクロス入ってますね。そうしないと間に合わないですから。ノーアウトでは大事にいってもいいいですが、1アウトのときは揺さぶりを入れるため、ピッチャーと目が合ったときにダダダッと行くのも、戻るのもあります。

左ピッチャーのときの一塁ランナーもそうですが、目が合うと出やすいですね。それに、ピッチャーの心を動揺させるには、目が合ってるときに出ないと意味がないかなと思います。目が合って出て（プレートを）外してくれれば万々歳だし、外させた後に

『こいつ盗塁狙ってるのかな』と思わせたら、そこからまた駆け引きが始まってくる。無理にクイックを速くしたりというのが出てきますので」

ただ大きくリードするのではない。あえて相手に見えるように動くことで、心理面に揺さぶりをかける。目が合っていると出にくく感じるかもしれないが、実は、目が合っているときは速いけん制は投げることができない。意外と出やすいのだ。

ちなみに、二塁走者からは捕手のサインが見える。高野連の規定で、打者へのサイン伝達行為は禁止されているが、走者が自分のために利用することは問題ない。

「サインは見ます。でも、ウチは読みを大事にしているので、バッターには教えません。それだけはやりたくない。バッターの読みがなくなるのが嫌ですから。ただ、ランナーが自分の知識にする分には、まったく問題ないと思っています。やっぱり、変化球のときはワンバン・ゴーの準備がしやすいですから。よくキャッチャーを見ていれば、セカンドけん制が来るのがわかってくることもありますし、外しのサインのときは特殊な手の使い方をすることもありますからね」

次の塁を狙うための準備として情報を得る。その情報を自身の走塁に活かす。ホームから距離の近い三塁へのローボールスタートは、1歩で大きく結果が変わってくる。落ちている情報を使わない手はない。

機動破壊　其の四十五

ただ大きくリードするのではない。あえて相手に見えるように動くことで、心理面に揺さぶりをかける。目が合っているときに、速いけん制はできない。

二盗と三盗の違い

考え方を教えるため、1年生が入ってくると、必ず聞くことがある。

「二盗と三盗の違いは何だ？」

走者の走る距離は変わらない。違うのは、捕手の投げる距離だ。二塁まで38・795メートルに対し、三塁までは27・431メートル。約11メートルも近い。その11メートルをいかに補うことができるか。だから、自然とこんな言葉が出る。

「二盗と三盗を同じように考えてたらダメじゃねぇか。もっと思い切り行けよ」

そう言っているうちに、言っている葛原コーチ自身が考えるようになった。

「ふと考えたときに『思い切り行け』って何だろうなと。セットに入って普通に走り始めて『何やってんだ』と言いたいなと思っても、もしかしたら思い切り行ったのかなと思ったりする。そこから三盗をいろいろ考えるようになったんです。マニュアル化しなきゃいけない、クセとかの〝思い切り〟の根拠を探さなきゃダメだと。それで今の三盗理論ができました」

機動破壊 其の四十六

指導者がよく使う「思い切り行け」という言葉。しかし選手の「思い切り」を生む根拠を提示しなければ、なかなか三盗のスタートは切れない。

三盗を成功させるポイント❶
投手が首を使う回数

三盗のやり方として、オーソドックスに3パターン用意している。まずはひとつめ。

「セットに入って、まずピッチャーが首を使う回数を数えます。三盗をしようと観察を始めたんですが、二塁にランナーがいるとき、ピッチャーは首を使わないわけはないんですよね。普通に考えれば、首を使ってランナーをけん制しなきゃいけないので」

だが、一塁けん制と違って、二塁けん制は投手が投げたいときに投げるわけにはいかない。ベースに常時人がいるわけではないからだ。セカンドかショートがベースカバーに入らない限り、けん制は来ない。では、いつベースに入るのか。ほとんどの場合、それを合図するのが捕手だ。

「今、セカンドけん制はキャッチャーがミットを下げるとか握るとか、右手で土を触るとか、それがピッチャーに対する合図になっています。ピッチャーがセカンドを見ながらやるチームもありますけど、70～80パーセントはそんな感じだと思います。いいチームであればあるほど、キャッチャーからのサインが多いですね」

そのため、二塁にけん制を投げるためには投手は捕手を見ている必要がある。

「けん制のときはキャッチャーのサイン待ちなので、ピッチャーはずっとホームを見てるんですよ。いつ合図するかわからないのに、キョロキョロできないですからね。ずっと前を見ているというのは、すごく不自然な行為。だから、最初は『ずっと前を見ていたらけん制』というふうに決めつけてしまう。首を使っているということは、キャッチャーからサインが出ない。ランナーは気にしているけど、結局はホームに投げるパターンだと。それを予備知識として選手たちに持たせておく」

大まかにではあるが、「前を向いていたらけん制」、「首を使ったらホーム」と決められているため、選手たちは「けん制死はない」という安心感がある。それにともなって、スタートする勇気や思い切りも生まれてくる。

「首を使っているときはホームに投げるということなので、首を使い始めたらまず盗塁の準備をする。あとは、首が前を向いたときに、どれぐらいの時間キャッチャーのミットを確認するのかですね。二盗に比べて、キャッチャーが投げる距離が11メートル以上短い分を、何とか稼がなきゃいけない。どこで稼がなきゃいけないかといったら、このミットを確認するタイミングです。

高校生のピッチャーって、セットに入って、二塁ランナーを見て、そのまま動くってすごく難しいんですよ。やっぱりピッチャーは、キャッチャーのミットを確認しないと投げる場所を設定できない選手が多い。二塁ランナーを見ながら、そのままの状態でクイックでホームに投げるというのはすごく制球が乱れる原因のひとつです。なので、どうしても少しミットを見るんですよね。見て、『ここだ、よし』とワンクッションあってピッチャーが動くというのが主流なので、首が前を向き始めた瞬間に行っちゃえと。これで相当な距離を稼げます」

首が前を向くまでの0コンマ何秒かの間に、数メートル稼ぐのだ。

「首が動いた瞬間に動けば、ショートから『走った、走った』と声がかかっても、ピッチャーはもうホームに投げる流れに入っているんです。『どこからが投球動作？　どこからがインモーションなの？』と聞くと、普通みんな『足を上げた瞬間、動いた瞬間』と答えるんですけど、ピッチャーは首が動いたところからピッチングが始まってるんですよ。だから、途中で『走った』と言われたとしても『え？　何？　何？』とボークになることが結構多い。途中で言われても外せないので、そのままピッチャーはホームに投げちゃいますね」

前を向いた瞬間、投手はホームに投げることを決めている。首が動いた瞬間が投球動作開始だから、そこをスタートの合図にすればいいのだ。

機動破壊　其の四十七

「前を向いていたらけん制」で、「首を使ったらホーム」だから、「けん制死はない」という安心感と、スタートする勇気や思い切りも生まれてくる。

三盗を成功させるポイント❷
シャッフルで距離を稼ぐ

ただ、このやり方だと注意が必要な投手がいる。それに備えて作ったのがふたつめの方法だ。

「これは1年生大会用に作ったので、中学生にも使えると思います。ピッチャーの中には、ホームを見る時間が長すぎる選手っているんですよ。前を1秒以上見るピッチャー。このパターンは前を見た瞬間に走り始めると、ショートが『走った』と言ったときにプレートを外せるんですよ。前を見ている時間が長すぎるばっかりに外せる。

こういうときは、前を見た瞬間にシャッフルするように変えています。こうすると、ショートは『走った』とは言わないんですよね。走ったら『走った』と言うんですけど、シャッフルしてるのは『走った』とは言わない。『何かやってるな』という変な空白の時間みたいなものが生まれて、ショートの言葉も止まる。その間にポンポンポンと距離を稼いで、投球動作に入った瞬間にスタートを切ります」

シャッフルを入れることで、相手に「スタートした」と言わせない。これによって、未熟な投手であるがゆえにアウトにされるのを防いでいる。

機動破壊　其の四十八

ショートに「走った」と言わせないようシャッフルで距離を稼ぎ、投球動作に入った瞬間にスタートを切る。

三盗を成功させるポイント❸

足上げスタート

そして、3つめの方法はこれだ。

「『足上げスタート』というのがあります。ピッチャーには、二塁ランナーを見ながら動く選手もいます。そういうピッチャーは、足を大きく上げることによって、ミットの位置を確認して投げるんです。このときはタイム設定をしていて、ストレートの場合、ピッチャーが動いた瞬間からキャッチャーに着く（ミットに入る）まで1・7秒以上かかると盗塁成功できます」

これはプロでも通用するタイムだ。2013年のWBC（ワールド・ベースボール・クラシック）でデータ分析を担当した橋上秀樹戦略コーチも「1・6秒」と言っている。あの失敗に終わったプエルトリコ戦のダブルスチールのときも、相手投手の左腕、J C・ロメロは1・8～1・9秒というデータがあった。

「『（プレートを外さずに投げる）反時計回りのけん制だったらどうするんですか』とよく聞かれるんですけど、それを考えていたら行けません。セカンドけん制は一塁けん制みたいに3回、4回はないので、もしけん制をひとつもらっているなら、結構（ホームに投げるのは）確定ですね。行けばいいと思います」

何度も続けての二塁けん制はないと決めつけ、思い切ってスタートを切る。距離的には難しいのが三盗だけに、割り切りと思い切りがなければ成功しない。

「この3つは入ってきたときに必ず教えます。それがベースにあるので、微調整しようとしたときはすぐに対応できます」

機動破壊 其の四十九

何度も続けての二塁けん制はないと決めつけ、思い切ってスタートを切る。距離的には難しいのが三盗。割り切りと思い切りが必要な場合もある。

三盗は賭けではない

もちろん、オーソドックスなパターンに当てはまらない投手もいる。そのときに、どう応用していくか。当然、首を使ってけん制というサインがあるチームもある。

「要するに『前を見てればけん制だよ』『首を使ってればホームだよ』というのは心構

えの話なので、首を使ったとしても、直接走塁には影響しません。首を使ってる最中にけん制が来ても、戻ればいいだけのこと。首を使ってのけん制があるとすれば、その情報をひとつもらった時点で、頭に入れておけばいい話なので。それが微調整ですね。

首を使ってけん制しようが、使わずにしようが、結局、前を見て空白の時間があれば何回首を使ったかを数えておけばいいだけ。ピッチャーにバリエーションがあって、首を1回使うときも、2回使うときもあるとします。でも、前を見ている時間があってからホームに投げるという選手だったら、多い方の2回に設定しておけばいい。そうすればミスはないですよね。1回で（ホームに）投げるときは（三盗に）行けないかもしれないけど、2回のときに行けば（ホームに投げるのは）絶対確定。行くチャンスは何割か減りますけど、この方がミスはないですね」

作戦である以上、絶対成功というのはありえない。だが、ミスの可能性を極力減らした上で、成功する確率を上げることはできる。リスク管理をした上での思い切り。勝つためにはこれが欠かせない。

「最近は、二塁ランナーを見ながら足を上げるピッチャーが増えています。特に県内では徐々に三盗のチャンスは少なくなってきてますけど、この3つのクセが出たときは成功率100パーセントなので、二盗よりも賭けとは思ってないですね。根拠があるから思い切りも違う。このパターンで、1年生大会で足の遅い柴引（50メートル7秒5）が三盗しましたから」

機動破壊　其の五十

ミスの可能性を極力減らした上で、成功する確率を上げることはできる。リスク管理をした上での思い切り。勝つためにはこれが欠かせない。

相手投手のリズムを崩す

健大高崎は投手の首を見て三盗する――。

この情報が伝わったことで、ときにはあえて首を使わず二塁走者を見なかったり、いつも以上に二塁走者を見る回数を増やしたりと、健大対策でやり方を変えてくるチームもある。

「確かに最近（三盗は）やりづらいです。でも、ピッチャーって普段やってないことをやるのってホントできないんですね。だいたい崩れます。各チームの監督さんも『首の回数だけ変えろ。それだけでいいから。クイックとか考えなくていいから』と言うんですけど、今まで2回だったのを3回見る作業というのが、ピッチャーにはすごく苦痛なんですよ。『こう投げる』というひとつの流れでしかやっていなかったことを、少し間《ま》を空けて投げるとかは……。そういうのは、ブルペンから練習しておかないとできないことなので」

相手に今までやっていなかったことをやらせている時点で、〝機動破壊〟の威力を発揮している。警戒して、いつもと違うことをしてくれれば、たとえ走れなくても構わない。走る姿勢でプレッシャーをかけ、相手投手のリズムを崩す。これだけでも大きな攻撃なのだ。

［**実例 6** 山形中央戦］

2014年夏の甲子園3回戦の山形中央戦。1回裏、健大高崎は無死から平山敦規が四球で出ると、星野雄亮が送りバントで1死二塁とした。この作戦にテレビのアナウンサーは、「初回からいきなり送りバント」と言ったが、これには狙いがあった。

「左ピッチャーの場合は、三盗の方がチャンスが生まれることが多い。無理せずに送りバントでした」

山形中央の先発は左腕の佐藤僚亮。140キロを投げる本格派だが、試合前から足で崩せるという自信があった。

「足を高く上げてしか投げられないので、送りバントをして二塁に行ったら、これでもかというぐらい三盗をやると決めていたんですよ」

　そして、3番・脇本直人への初球。平山は足が上がると同時にスタート。あまりのスタートのよさに捕手は焦ったのか、投球を捕ることができずボールはバックネットへ。平山は悠々と三盗に成功した。平山は言う。

「試合前から、左ピッチャーは二塁から攻めようと決めてました。足をめっちゃ長く上げるんで、足を上げたら行こうと決めてました。ある程度リードを取っておいて、足を上げたらスタート。健大高崎が相手でも関係なく結構上げてきたんで、初球から走れましたね。ちょっとは変えてくると思ってたんですけど、『もらった』って感じでした」

　このときの佐藤のタイムは、足が上がってからミットに到達するまで1・70秒。捕手が捕球していても刺すのは無理だった。ちなみに、佐藤は走者一塁ではクイックを使う。だが、急いで投げるという意識が強く制球が乱れた。3回も無死一塁から9番の投手・石毛力斗に四球。石毛は送りバントの構えをしていたが、一塁走者を警戒するあまり、ストライクが取れなかった。

「こっちは送りバントをしようと思っていたのに、相手は一塁から二塁に走ると思ってるんですよね。『いつ行くんだよ』みたいな意識でボール、ボールという感じでした」

　この後、1死満塁から脇本が走者一掃の二塁打。さらに柘植世那にもタイムリーが出て4得点。3回途中から右投手の石川直也（現北海道日本ハムファイターズ）に代わったが、クイックの甘さを突いて5回以降の4イニングで6盗塁。最速148キロの球速が、クイックになると130キロ台に落ちることもあり、結局、8対3で快勝した。これこそ、まさに機動破壊。2回戦の利府戦の11盗塁が大きくものをいった試合だった。

機動破壊 其の五十一

相手が警戒して、いつもと違うことをしてくれれば、たとえ走れなくても構わない。走る姿勢でプレッシャーをかけ、相手投手のリズムを崩すのも攻撃。

甲子園でも見せた三盗の秘策
——偽装スクイズの送りバント版

三盗はしたいが、この投手からだと難しい。そんなときのために考えた秘策もある。簡単にいえば、偽装スクイズの送りバント版だ。偽装スクイズが使われるのは走者一、三塁のとき。一塁走者が鈍足で捕手が強肩の場合、万が一に備えて打者がバントの構えをして空振りする。こうすれば、捕手はスクイズだと思って三塁走者を見るから、一塁走者は確実に二盗に成功することができる。この戦法を一、二塁のときに応用するのだ。

打者がバントを空振りすることで、二塁走者の盗塁を助ける。二塁走者はややスタートを遅らせるため、ディレードスチールといってもいいし、トリック系といってもいい。

「三塁手は、ピッチャーがインモーションに入った瞬間に二塁ランナーが走ったかどうかを見ますよね。ずっと見ていたらインパクトになってしまうので、前を向かないとダメじゃないですか。それで目を切ったときにゴーです。それまではシャッフル。

だいたいワンシャッフルですけど、とことん大きくやります。だますのは三塁手なので、バッターは三塁側を狙っているというセーフティーバントの構えをする。ストライクは空振りします」

三塁手は二塁走者を見て「走ってない」→「大丈夫」→「打者に集中」→「セーフティーバントだ」→「行かなきゃ」となり、ホーム方向にダッシュする。これにより、サードベースががら空きになり、三盗に成功することができる。

「これはいいチームの方がかかるんです。無警戒な選手はサードベースの後ろ、セーフティーを実際にやればセーフになるところにいますから。逆に、警戒しているチームは、オンラインより1歩後ろぐらいのところにいる。これが（この作戦を使えるかどうかの）大前提になってきます。二塁ランナーを見て、ダダダッと3歩前に出れば、もう戻れないですね。ランナーは簡単です。大きくシャッフルして、三塁手が目を切ったら走ればいいだけなので。追いタッチになるのを見越して、フックスライディングは練習しますけどね」

一方で打者はかなり練習が必要だ。

「バッターは難しいです。いかにボールの近くで、三塁側に転がすような構えをして、わざとじゃないように装えるかどうかですから。普段バントをしないバッターなら、1球目に伏線を張っておく必要があります。セーフティーの構えをして見逃す。相手ベンチに『セーフティーあるよ』と言わせる。これも大事です」

三塁手にあえて次の準備をさせることで、ベースが空くのを誘う。まさに心理を突いた作戦だといえる。

［**実例⑦　利府戦**］

これをくり出したのが2014年夏の甲子園2回戦の利府戦。3回裏1死一、二塁、打者が8番の横溝拓斗という場面で敢行した。横溝は初球をバントの構えで見送り（ボール）、2球目のストライクのストレートをバントで空振り。サードが飛び出してベースが空く間に二塁走者の山上貴之が三盗に成功。一塁走者の柴引良介も二盗に成功した。

「1球目にちょっとバントの構えをして、サードがどういう動きをするかを見ておく。前に出てこない選手は出てこないので。構えたときに、サードのスタートがいい熟練されたチームの方が、『よし』となりますね。あのときも二塁ランナーはディレードステップです。できるだけ距離を稼ぐディレードステップでちらっとサードを見ておく。サードはピッチャーが動いた瞬間に二塁ランナーを見て、バッターを見るから、目を切った瞬間にランナーは走って、バッターは三塁側に転がすよというセーフティーの構えをやっておく。ダダダッとサードが出てくると、キャッチャーが投げても三塁ベースの3～4メートル手前でタッチできないんです」

このときも利府の三塁手は前に出ており、山上は楽々セーフ。おそらく甲子園では史上初となるプレーを成功させた。

相手が対策をしてくれれば、健大高崎もそれ以上のことを考える。そうやってお互いのレベルが上がっていく。最近は健大対策で二塁走者を見ながら足を上げる投手、さらに二塁走者を見ながらクイックをする投手も出てきた。

「どんどんピッチャーのレベルが上がってきてますね。そういうときは偽走や雰囲気出し、ディレードスチールに変えちゃえばいい。プレッシャーをかけて、ひたすらワンバン・ゴー狙いとか違う方法に変えていく。無理なものは無理なので。でも、無理だとしても決め球が鋭い変化球のピッチャーなら、低めのスライダー、フォークが来るとき、ショーバンのときに走れば、いくらクイックでもチャンスが生まれてきますよね」

走者に神経を使ってくれれば、それだけでプラス。過剰な意識をさせている時点で健大高崎の勝ちなのだ。

機動破壊　其の五十二

野手のスタートがよく熟練されたチームが相手の場合、三塁手にあえて次の準備をさせることで、ベースが空くのを誘う。

二塁走者の走塁❶

2死二塁の場合のコース取り

2死二塁の場合は、ライン上よりも約2メートル後ろにリードしているが、そこからベースに向かって走るのではない。二塁と三塁を結んだラインと平行に走り、三塁ベースに近づいたところからふくらまないようにコーナーリングをする（図A）。

「せっかく後ろにいても、ベースにまっすぐ向かっていくと、三塁を通過してからふくらんじゃうんですよね。だからウチでは平行に行って、そこからの角度を重視しています」

健大高崎にとって、二塁から本塁の走塁に関しては苦い思い出がある。初出場した11

■図A　二塁走者のコース取り
2死二塁の場合

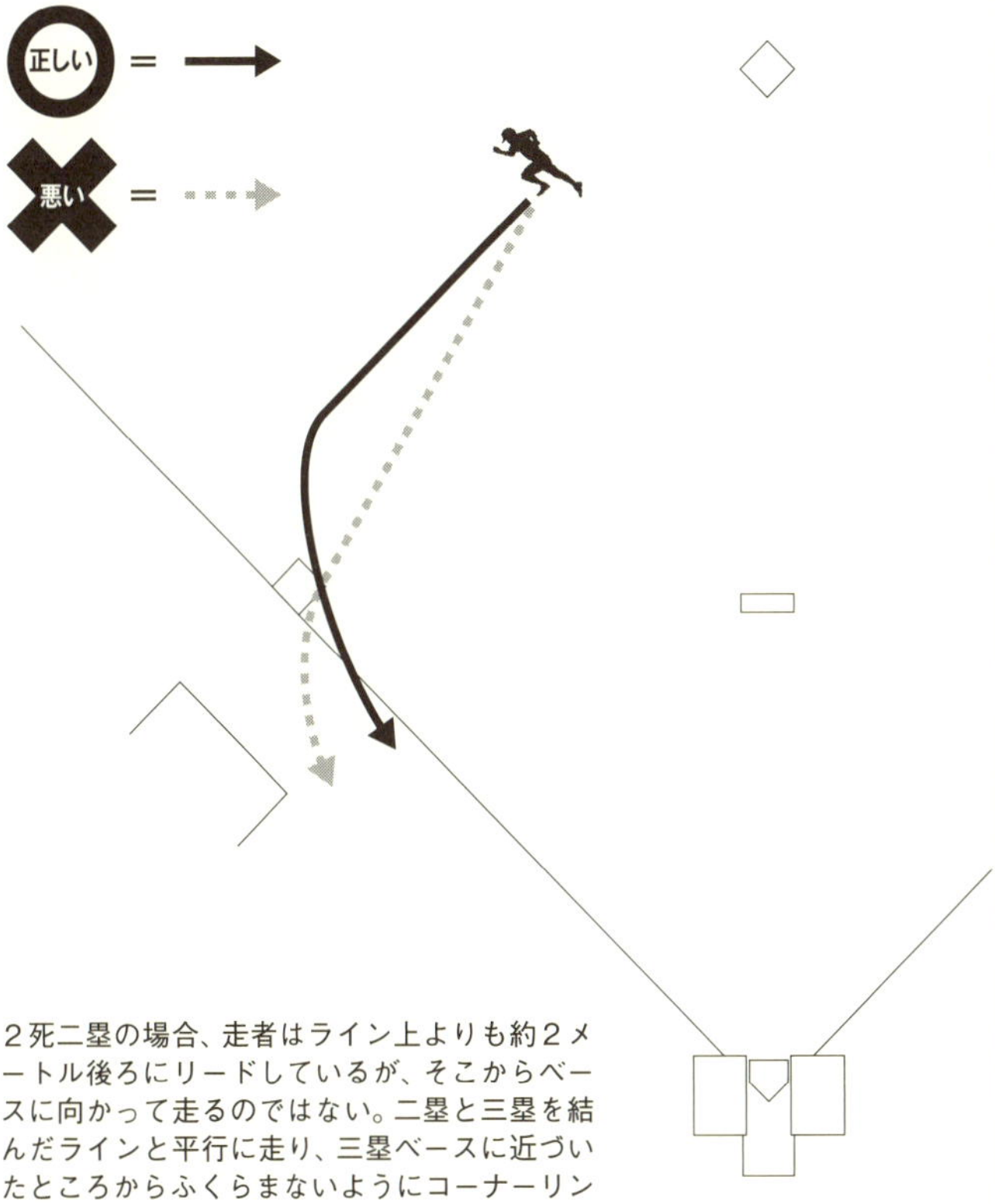

2死二塁の場合、走者はライン上よりも約2メートル後ろにリードしているが、そこからベースに向かって走るのではない。二塁と三塁を結んだラインと平行に走り、三塁ベースに近づいたところからふくらまないようにコーナーリングをする。せっかく後ろにリードしていても、ベースにまっすぐ向かっていくと、三塁を通過してからのふくらみが大きくなるためだ。

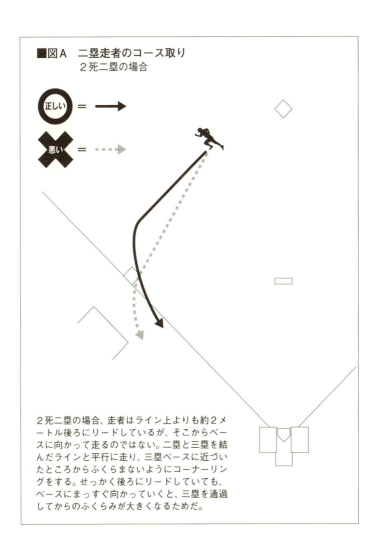

年夏の甲子園2回戦の横浜戦。5対5で迎えた延長10回表2死二塁から、8番の宇野遼介がレフト前ヒットを放ったが、二塁走者の長坂拳弥が本塁でタッチアウトになったのだ。逆にその裏、横浜は2死一、二塁から2番・高橋亮謙のレフト前ヒットで二塁走者の伊達直紀がホームイン。サヨナラ負けを喫した。

このときの二塁走者のタイム（インパクトからホームを踏むまで）は健大の長坂が6秒95、横浜の伊達が6秒28。50メートル6秒8の長坂と、5秒9の伊達の足の速さの差かと思うかもしれないが、それだけではない。健大の宇野が打ったカウントは、3ボール2ストライク。横浜の高橋が打ったカウントは、1ボール0ストライク。ともに2アウトだが、健大の長坂はストライク・ゴーができる場面だったため、宇野がバットを振り出すよりも前にスタートを切ることができた。それを考えれば、6秒95は物足りない数字。少なくともスイング・ゴーができていれば、もう少しタイムは縮められただろう。

実は、この後に健大高崎の二塁走者のリードの大きさは変わり、2死からのスイング・ゴー、2死2ストライクからのストライク・ゴーをより徹底するようになった。

「ストライク・ゴーはきわどいコースはホント難しいです。審判によって、（ストライクを）取る、取らないもありますから。でも、明らかなストライクは行ってほしいですね」

大舞台での失敗は、成長への種になる。苦い経験を糧に〝機動破壊〟は進化した。

機動破壊 其の五十三

2死からのスイング・ゴー、2死2ストライクからのスイング・ゴーを徹底することで、本塁を奪う可能性を追求する。

二塁走者の走塁❷

コーナーリング

三塁ベースを踏む位置は、本塁寄りの内側。基本的に右足で踏むようにしている（次ページ写真A）。

「左足で踏むと、右足が外回りしそうなイメージなので。私が中学、高校時代は左足で踏めと言われてきました。マンガの主人公なんかも左足で踏んでるのが多いんですよね。でも、自分の場合はやりにくかった。一番はそれですかね。右の方が踏みやすい、左の方が合わせてしまうという感覚。もちろん、無理に（右足に）合わせる必要はないというのは前提にありますけど、右足の方が内側に入っていきやすいと思います」

とはいえ、平山敦規のように左足で踏む選手もいる。どちらの足で踏むのかを意識す

C

ベルトラインから頭まで体幹をまっすぐ、しっかりダイヤモンドの内側に体重をかけることが大切。イメージとしては、バイクレースのコーナーリングのときのレーサーの姿勢が理想。

三塁ベースを踏む位置は、本塁寄りの内側で、基本的には右足で踏む。左足で踏むと、右足が外回りしそうなイメージがあるからだが、無理に足を合わせて右で踏む必要はない。

「身体を倒せ」と言われて、一生懸命首だけ内側に曲げる選手がいるが、これでは意味がない。

半径5メートルの円に慣れてきたら、より難しい半径3.5メートルの円で回ることもある。円の中心にあるコーンと一本のひもでつながれているイメージで、中へ、中へと引っ張られていく意識でやることが大切。

るよりも、タイムが速ければいいという考え方だ。それよりも、こだわっている部分がある。

「身体をどれだけ倒せるかですね。『身体を倒せ』と言うと、一生懸命首を曲げる選手がいるんですけど（前ページ写真B）、そうではない。ベルトラインの部分から頭まで体幹をまっすぐ、しっかりとダイヤモンドの内側に体重をかけるのがすごく大事（前ページ写真C）。その姿勢を説明するのに、一番イメージがわきやすいのはバイクレースですね。コーナーリングのときのレーサーの姿勢は、本当にひざがつくかつかないか。あれでよく怖くないなと思いますけど、あれぐらい倒れるのが理想ですね」

普段からこの感覚を意識させるため、半径5メートルの円をぐるぐる回るランニングをアップで取り入れている（前ページ写真D）。これに慣れてきたら、より難しい半径3・5メートルの円でやることもある。

「この練習は、ベースのコーナーリングにつなげていくのが第一目的ですね。特に身体の傾きを意識させています。円の中心にあるコーンとベルトが一本のひもでつながれているイメージで、外に出ないように、中へ、中へと引っ張られていくような意識を大事にしてますね。力のベクトルは円の中心にあるようにということです」

この練習の成果を実感しているのが平山だ。

「ベースを踏むときに、内側にあるコーンを見て走ります。これをやるようになって、コーナーリングのときに体幹がぶれなくなりました。内、内を意識しているので、外に回らなくなったというか、重心が逃げなくなりました。
ポイントは腕を振ることと、身体を倒すこと。身体が流れないように、特に外側の腕を振るようにしています。体幹の強さも必要だと思います。ベースを強く蹴って踏ん張るんですけど、それで本塁へのスタートにもつながっていると思います。最初はどうしても外を回っちゃってたんですけど、1年生で入ったときからやってたし、アップでもこれをやるので、できるようになりました」

機動破壊　其の五十四

コーナーリングでは、身体をどれだけ倒せるか。体幹をまっすぐにし、ダイヤモンドの内側にしっかり体重をかけることが大事。

二塁走者の走塁❸

ベースを踏む意識と感覚

走塁練習をする際には、身体が理想の傾斜角度になるよう葛原コーチが三塁ベース奥でトンボを構え、それに当たらないように走るという練習もする（写真A）。

葛原コーチは言う。

「アップからやっているのは、日常からの訓練です。そういう身体の使い方ができることを大事にしてやっています。トンボを使うのは、それによって傾きの角度を意識しながらやっていくためです。コーナーリングの練習をするとき、ふくらまないことを意識させるため、ベースを回って1歩目のところ（ベースを踏んで、次に着地する足の外側あたり）にコーンを置くチームがありますけど、あんまり意味がないです。ここだとどんなにふくらむ人でも通過できます。コーンに当たらないように内に回れというなら、2歩目は通過できないので、そこに置く方がいい。ここにあるとぶつかりますから」

平山もこの練習をくり返して「だいぶ傾くようになった」と言っている。理想の傾きができたら、あとはベースを踏む意識だ。

「ベースを蹴ることによって、もうひとつ加速しようというイメージを持って回ります。踏むときは、踏んでマウンドの方を目指すイメージで内側に入っていきます。内側からひもで引っ張られているイメージですね。ここから外に出たら、それ以上ひもは伸びないよというイメージを持ちながら入っていきます」

ベースを踏んで180度ターンするという、ベースを踏む意識と感覚、身体の切り返しなどを身につける練習もある（次ページ写真B）。

三塁ベースで構えているトンボに、当たらないように走る。これにより、傾きの角度を意識してコーナーリングすることができる。

「ウチは右足で踏むのを基本にしてやっていますが、足が合わずにどうしても左足で行くときがある。慣れていない左足で踏むと、右足が大きく外側に振られてしまうことがあるので、ベースを踏むときに左足で踏んで右足をグッと中に入れてくる練習をします。その角度を大げさに180度ターンすることによって、身体の使い方を最小限に抑えていこうということですね」

平山は、この練習はコーナーリング以外にもつながると言う。

「ターンして、今来た線上に戻らないといけないんですけど、最初は右にそれちゃったり、うまくできませんでした。でも、これができるようになると、切り返しなのでタッチアップとかにもつながる

ベースを踏んで180度ターンする。ベースを踏む意識と感覚、身体の切り返しなどを身につける練習なので、走るスピードはジョギング程度で十分。

と思います」

普段からイメージして練習し、技術を習得したら、あとは判断。実戦形式でいいスタートが切れるようくり返し練習する。

「ボールを使った実戦練習のときは、コーナーリングなどの形よりもタイムを計ってのこだわりの方が強いですね。あとは打球判断をすごく重視してやっています。

ぎりぎりアウトになったときは、もちろんふくらみが大きかったという話はしますけど、『今のは（もっと早く）行かないとダメだろう』とか、どちらかというと判断の話が多くなってきますね」（葛原コーチ）

機動破壊 其の五十五

ベースを蹴ることによって、もうひとつ加速しようというイメージで回る。普段からそういうイメージを持ってくり返し練習を行い、技術を習得する。

二塁走者の走塁❹

無死二塁、1死二塁で打者が振り逃げの場合

その他、細かい部分にも注意点やこだわりがある。

14年夏の甲子園では、佐賀北対利府の8回表1死二塁と、日本文理対富山商の2回裏1死二塁の場面で、打者振り逃げの送球間に二塁走者が三塁を奪った。かなりの確率で起こるプレーだ。

「二塁には投げないという前提でやらないとダメですね。指導者側としたら、『キャッチャーは目で見てランナーをけん制はしてるけど、投げられないから』と言い切った方がいいですね」

どの場面でも、リスクはベンチが負う。これが思い切りのいいスタートを生む秘訣だ。

「ショーバンを捕って、あるいは弾いたのを拾ってキャッチャーが二塁ランナーを見る。そのとき二塁ランナーは、〝ふり〟でちょっとは戻ろうとしなきゃダメなんです。体重は左足の内側にちゃんと残しておいて、『こっちを見てるけど、どうせ投げないんでしょ』という上から目線の感じで、かつ『絶対投げない』と自分に言い聞かせながら、目

を切ろうとしたときにゴーです。これに関しては、二塁ランナーの離塁が多少大きくても大丈夫ですよ。ちょっとリードが大きいからって、投げようという選手はいないですから。最後は絶対ファーストに投げます」

この場面での捕手がもっとも困るのは、打者走者も生かしてオールセーフにしてしまうこと。確実にひとつアウトを取ることを優先するため、一塁に送球するのだ。「大きく離塁しても大丈夫」という考えもまた、相手の心理面を突いている。

［実例8　神村学園戦］

振り逃げ時に二塁走者が三塁を狙うのは比較的行きやすい。なぜなら、捕手が二塁に投げるのも、一塁手が三塁に投げるのも、送球の距離が長いからだ。健大高崎には、これよりも難易度の高い走塁を見せた選手がいた。

12年センバツ2回戦の神村学園戦。2対0で迎えた5回表1死三塁の場面で、長坂拳弥がカウント2―2からワンバウンドの変化球を空振り。そのまま振り逃げを試みた（一塁セーフ）。三塁走者の中山奎太は、捕手が一塁に送球したのを見てスタート。一塁手からの好送球で間一髪アウトになったが、「あれは足が先に入ってたと思うんですけど……」と葛原コーチが今でも悔やむほど、きわどいタイミングだった。

機動破壊 其の五十六

打者振り逃げの際、二塁走者は「絶対にこっちには投げない」と自分に言い聞かせながら、捕手が目を切った瞬間にゴーして、一塁送球間に三塁を奪う。

二塁走者の走塁❺

二塁走者から見て右側、サードゴロやショートゴロの場合

自分よりも前に飛んだ打球はストップというのが常識となっているが、ゴロ・ゴーの精度の高さで甲子園に衝撃を与えた2007、08年の常葉菊川のように、三遊間への打球でもゴロはすべてゴーというチームもある。健大高崎はどのようにしているのか。

「決まってないですね。打球の強さによっても変わってくるので。ランナーの真横でもワンバンで抜けるような打球もあるし、いくら三遊間寄りでもボテボテすぎてサードがカットすることもある。これも結構感覚重視ですね。ただ、ショートが捕れる範囲は間違いなくサードに行きます。ポイントはサードが捕れる範囲のとき。サードゴロと思ったら止まる感じが多いですね（サードゴロはボールを持っている三塁手のところへ走っ

ていく形になるため）。サードゴロだと思った打球が抜けたらサードに行けばいいし、もちろん、三遊間を抜けるような痛烈な打球もスタートです」

三遊間を抜けた打球で勢いよくスタートしたら、その瞬間にスピードを緩める。レフト前ヒットのときに、一塁走者がセカンド手前で緩めるのと同じ要領だ。

「スピードを緩めて、レフトがちゃんと捕ってるかどうかを見ます。右バッターのレフト前は、ホームインが結構難しいんですよね。左バッターのレフト前は、流した弱い打球やレフト線に切れていったりする打球もありますけど、右バッターの場合は引っ張った強い打球が多いですからね。2アウトだとちょっと変わってきますけど。痛烈であればあるほどレフトを見ます。自分で見て、弾いたらそのままホームインですね」

走者は抜けると判断したものの、ショートが飛びつくなどして捕球することもある。その場合、三塁を回ってしまうのは仕方がない。

「コーチャーに任せます。コーチャーが目を切らないようにする。あとは、コーチャーボックスを出ないとダメですね。ホーム寄りに少しでも行く。そうすれば止められるので。あとはランナーがその姿を見て、事の重大さにどれだけ気づくか。結構あるシーンですから、練習でもよくやるので刷り込まれていきますね。練習をくり返すことで、自然に『あ、捕ったんだ』という理解が、ランナーもできるようになってきます」

機動破壊　其の五十七

三遊間を抜けた打球で勢いよくスタートしたら、その瞬間にスピードを緩めて、レフトがちゃんと捕ってるかどうかを確認する。

二塁走者の走塁❻

ピッチャーゴロの場合

ほとんどのチームはストップ。二塁走者はベースに戻るのが普通だろう。だが、健大高崎は違う。

「飛び出させます。ピッチャーゴロを打った瞬間にみんなブレーキがかかっちゃうんですよね。それが一番ダメだと思っています。ピッチャーが捕って、ランナーが止まると、いいピッチャーは二塁ベース方向に追い込んできます。そっちに追われるとバッターランナーは二塁に行けません。行ったらダブルプレーになりますから」

そうならないため、健大高崎は二塁走者が止まらず、できるだけ三塁近くまで行く。

「一生懸命ランナーを飛び出させて、ピッチャーがサードに投げるようにさせます。そこからサードに追われても、そのときにランナーが死ぬことはないです。ここでサードからショートに投げさせたときに、距離があると間《ま》が取れる。2回目のランダウンプレーをさせるチャンスが生まれてくるんですよ。ショートが長くランナーを追ってくれれば、バッターランナーがセカンドまで行けるので」

投げさせる場所や距離を考えながら、打者走者を二塁に行かせるまで粘る。もちろん、ランダウンプレーを長引かせれば長引かせるほど、相手がミスをする可能性も高くなる。ピッチャーゴロで普通に打者走者がアウトになったときとまったく同じ、走者二塁という形を最低でも作れるのだから、わざと二塁走者が飛び出して挟まれることで、それ以上のチャンスが生まれる可能性を追求するのだ。

機動破壊　其の五十八

ピッチャーゴロの場合、二塁走者は飛び出す。ランダウンプレーに持ち込み、投げさせる場所や距離を考えながら、打者走者を二塁に行かせるまで粘る。

ランダウンプレーでのこだわりと決まり事❶

塁上に走者が2人重なる場合

ちなみに、他のランダウンプレーのときにも決まり事やこだわりがあるので紹介する。例えば、走者二、三塁でスクイズを外されたような場合がこれにあたる。三塁走者は三塁に戻るが、二塁走者はすでに三塁ベースに到達しているというケースだ。

「どっちのランナーの足が速いかですね。三塁ランナーの方が速ければそのまま。ただ、ベースに戻ったときにキャッチャーが三塁ベース上にいる2人のランナーにタッチしにきたら、二塁ランナーはセカンドへ戻ります。

そのうちにぐちゃぐちゃになってくるので、いつまでもランダウンプレーをさせるというのが攻撃面での約束です。三塁ランナーがベースに戻るタイミングと、キャッチャーが三塁ランナーにタッチするタイミングがきわどければ、三塁ランナーがアウトと言われる可能性もある。そういうときに二塁ランナーがセカンドに逃げちゃうと、ダブルプレーになってしまいますから、『きわどければ三塁ベースにいろ』と言います。あとは審判の判断にゆだねろと」

これとは反対に、守備面での約束もある。

「三本間で挟んだら、三塁ランナーを殺せと言います。みんな、『三塁ベースまで追って来い』となるじゃないですか。でも、さっきも言ったようにベースに2人が重なると、最近は二塁ランナーがみんな逃げるんです。そうなるとランダウンプレーがどんどんめちゃくちゃになってしまうので。

もちろん、三塁ランナーを追っている最中に、二塁ランナーがちょうど三塁ベースに来そうなタイミングなら先に二塁ランナーを殺してダブルプレーを狙います。でも、これは長い練習がいりますからね……」

後者は、あくまでも理想といったところだ。

機動破壊　其の五十九

いつまでもランダウンプレーをさせるというのが攻撃面での約束。長引かせれば長引かせるほど、相手がミスをする可能性も高くなる。

ランダウンプレーでのこだわりと決まり事❷

走者一、三塁の場合

「これはまだ完成されてないんですけど、ランナーが1人で挟まれたとき、ボールを持っている野手に向かっていくのも面白いですよね。フェイントをかけてよける。アメフトの選手なんて、ボールを持っているのにみんなよけるんですから」

Ｐ１７８でも触れているが、これと同じようなことを1アウト一、三塁で実践している。一塁走者がスタートして、捕手が二塁に送球。それを見て一塁走者がストップするケースだ。

「ショートまたはセカンドが捕って追ってきたら、ファーストに投げたときに、普通ランナーはブレーキをかけてもう1回セカンドに逃げますよね。でも、それをしない。ファーストに投げたら、少し間《ま》を取ってファーストと正対するんです。そこで、右、左のフェイントをかける。ファーストは内に振られてから外に行って、一生懸命追います。逃げ続けたらスリーフィートオーバーと言われるのでダメです。（スリーフィートオーバーといわれる）ぎりぎりのあたりでライト側へダイビングする。そうするとファーストはタッチに来るので（ホームへの）送球が遅れる。三塁ランナーには、『（一塁走者が）フェイントをかけたときにスタートしろ』と言っています」

ファーストを外野側に振ることで本塁から遠い方へ体勢を崩し、かつダイビングすることで姿勢を低くさせる。そこから本塁へ好返球をするのは至難の業。特に左利きのファーストなら間違いなくセーフになる。走者はただ挟まれるのではない。アウトのなり方を工夫することで、他の走者をアシストすることもできるのだ。

機動破壊　其の六十

走者はただ挟まれるのではない。アウトのなり方を工夫することで、他の走者をアシストすることも考える。

二塁走者の秘策❶
ターンスチールとは

有事に備えるという意味では、ターンスチールもある。送りバント空振りなどで二塁走者が飛び出してしまった場合、そのまま帰塁してもアウトになる確率が高い。何もせずにただアウトになるくらいなら、飛び出してしまったことを利用して三塁を狙う盗塁に切り替える。一度帰塁するふりをしたところから180度ターンするので、このように呼んでいる。

もちろん、あえて飛び出したように見せかけて、初めからターンスチールを狙っていくケースもある。

「二塁ランナーの第二リードがちょっと大きくて、キャッチャーが『刺せる』と思ってセカンドに投げる。この瞬間を狙って、戻る動作と見せかけてターンして三塁に走ると、『あぁ、投げちゃった』という形で三塁に進塁できることがあります」

具体的なやり方はこうだ。

「シャッフル二度の後、左足着地（右足空中）でインパクトを迎えて、右足でスタートを切ります。ホントなら右足が止まる動作をしないといけないところを『スタートしちゃった』ということを偽装する。なので、右足でストップしたらダメです。ツーシャッフルして左足インパクト、右足で止まってたらミスじゃない。これだと、きちんとした形ですからね。

ミスをしたように見せかけるために、左足インパクト、右足で踏み込んでスタート。その後に左足を出す、右足でブレーキ、二塁に戻るために1歩目の左足を出したときに、キャッチャーからの送球のボールが通過する、2歩目の右足で踏ん張って、三塁に切り返してスタートです（次ページ写真A）。

シャッフルの後の右、左、右というのは、キャッチャーをおびきよせるためのエサですね。『飛び出しちゃった』という。このときに絶対にキャッチャーを見たらいけません。キャッチャーを見てしまうと、気づいて投げない。ひたすら一生懸命戻る形を取ることが大事です。

これは捕ってから一発で投げるキャッチャーには有効ですね。でも、さらにレベルの高い超高校級の熟練されたキャッチャーの場合は、シャッフルの後の右、左、右でブレーキまでは同じですが、戻るために出した1歩目の左足を踏ん張ってブレーキにして、右足で三塁にスタートを切ります。二塁に戻るときの1歩分を減らす形ですね」

機動破壊　其の六十一

二塁走者の第二リードが大きくて、捕手が『刺せる』と思って二塁に投げる。この瞬間を狙って、戻る動作と見せかけてターンして三塁に進塁する。

左足インパクト、右足で踏み込んでスタート。その後に左足を出し、右足でブレーキ。二塁に反転して左足を出し、次の右足で踏ん張り、三塁に切り返してスタート。写真は右足のブレーキ以降の動き。

二塁走者の秘策❷

ターンスチールが有効な局面

ただ、ターンスチールはいつでも使えるわけではない。二塁走者が飛び出したのを見て、一発で投げる捕手でないと、間《ま》が空いてしまい、飛び出したように偽装したのがばれてしまうからだ。

「事前のデータが必要ですね。だから練習試合なんかでは危険です。二塁ランナーのこの動きを初めて見たキャッチャーというのは、動きが遅れるんですね。そうするとワンステップ入れてくる。そのときにターンしてゴーする形になってしまうんです。キャッチャーは二塁に投げないんじゃなくて、未熟なばかりに投げられないんですよ」

有効なのは、間髪入れずに投げるよう教育されているチームの捕手。それも肩に自信を持っており、「オレの肩を見せてやる」と〝投げたがり〟の傾向がある捕手ならなおいい。

「あとは、無理やりキャッチャーが投げる状況を演出することがとても大事です。どういうシーンで二塁ランナーが飛び出すかというと、一番多いのはセーフティーバントなんですよ。セーフティーの見逃しが飛び出しやすい。ターンスチールのサインが出たときは、バッターはセーフティー。ボールだったら、ぎりぎりでバットを引く。ストライクだったら空振りする。『うわー、出ちゃった』というのをバッターも含めた攻撃側で演出して、よりリアルに見せます」

こうやって練習しておくことが、〝有事〟での備えになる。送りバントで空振りしたときなどが、まさにその場面だ。

「みんな、ただ『戻らなきゃいけない』という意識で、アウトとわかっているセカンドに戻っちゃうんですよね。バント空振りで飛び出ちゃ絶対ダメなんだけど、出ちゃったらターンスチールに切り替える」

ちなみに、ターンスチールが成功できるかどうかの基準は、第二リードで9メートル出られるかどうか。

「ただ、9メートルといっても、単に9メートル出ると決めているだけならたぶんアウトですよ。ウチはその9メートルの最中に、キャッチャーの動きを観察するというのを入れています。キャッチャーが投げる準備をしていたら左足を前に出します。これは、捕った瞬間に左足を踏み込めるようにするためですが、しっかりそこを見ておかないと戻れない。いつも狙われているのを頭に入れておかないとダメなんですね」

あくまでアウトにならないことが先決。わざわざ死にに行くことのないよう、決まり事プラス観察力でリード幅を変え、成功の確率を高めるのだ。

「試合展開や指揮官に余裕があるなら、1球目はわざと偽装スタートをして、キャッチャーに準備させてやる時間を与えるといいですね。『次やってきたら投げてやろう』とキャッチャーに思わせることも大事です。いいキャッチャーだったらプライドがあるので、二塁に投げてくれるんです」

あえて警戒させたり、スキを見せたりすることで、「あのランナー刺せるな」と相手捕手に思わせる。それを利用してターンスチールを仕掛ける。これもまた心理戦。いかに一発で投げさせるかの準備、エサまきが、成功へのカギを握っている。

■ 平山コメント

「ターンスチールはできなかったので、いっぱい練習しました。最初は足が合わなかった。二塁ベースに帰るときは、踏ん張れるように足を強く蹴るのが一番大事ですかね」

機動破壊 其の六十二

あえて警戒させたり、スキを見せたりすることで、「あのランナー刺せるな」と相手捕手に思わせる。それを利用してターンスチールを仕掛けると有効。

第5章

三塁走者の基本と、高等テクニック

三塁走者のリードとゴロ・ゴー

リードする場所は、ほぼ三塁線上のややファウルゾーン（写真A）。本塁へ走る最短距離を取るためだ。左投手が三塁へ速いターンけん制をすることはまずないので、リードは左投手の方が出やすい。だが、リード幅は投手の左右に関係なく同じにしている。

「リードする場所はほぼオンライン。ラインの20センチ裏ぐらいですね。一応、打球に当たったときは、ファウルの位置にいますよという後ろ盾をつけています（フェアゾーンで打球に当たったらアウトのため）。ゴロ・ゴーを中心に考えているので、最初のリードはあまりこだわっていません。

一塁ランナーのときと違って、左右のピッチャーでなぜリード幅が同じかというと、三塁ランナーにホームスチールはないことを前提に考えているから。そうすると、リードを大きくする意味がないんですよね。最終的に、第二リードでどこまで出るかというポイントが決まっていることを考えたときに、最初のリードを大きくしたら、それだけシャッフルが小さくなって、勢いがつかなくなるだけなので」

ファウルゾーンに大きく出て、投球と同時にライン上に入ってくるゴロ・ゴーをするチームもあるが、健大高崎ではその方法は採用していない。

「外側から切れ込んで行って……というのも昔やったことはあります。ただ、助走のようになって勢いがつくため、体重70キロなら、70キロをまるまる右足一本で止めて、三塁に戻るというのは負担になると思いましたね」

ちなみに、三塁からのゴロ・ゴーの甲子園基準は3・2秒（インパクトから本塁を踏むまで）。地方大会レベルなら3・4秒だ。

「スタートは、ピッチャーの自由な足が前に出るタイミングでシャッフルを始める。そうするとツーシャッフルめで左足を着いたときにインパクトを迎えられる感じになります。変化球が来たときはツ

フェアゾーンで打球に当たったらアウトになるため、リードする場所は、本塁への最短距離となる三塁線上のややファウルゾーン。

ーシャッフルめを微調整しないとダメなんですけど、それはセンスやリズム感で補う。リズム感がなければ訓練するのみで、それをくり返してインパクトに足が合うようにしていきます。練習のときは本塁へ駆け抜けでやらせるんですけど、ベースを踏んだ瞬間に3秒ジャストを目標にしてやっています」

機動破壊 其の六十三

三塁走者がリードする場所は、ほぼ三塁線上のややファウルゾーン。本塁へ走る最短距離を取るためだ。ゴロ・ゴーの目標タイムは3秒ジャスト。

ゴロ・ゴーのポイント

ゴロ・ゴーのポイントはどこだろうか。

「三塁ランナーは、リードしながらピッチャーを見ていて、けん制がないと思った瞬間にキャッチャーに半身で正対する感じです。イメージとしてはフェンシングのステップですね。あれが一番イメージしやすいと思います。三塁線のすぐ後ろから、ホームプレートに対して最短距離をたどるステップを踏みます。最近は特にツーシャッフルめに勢いを入れよう、スタートにつながるようにとやっていますね（次ページ写真A）」

走塁練習をしていないチームは、ツーシャッフルめの着地の際もつま先が投手側を向いているのでひと目でわかる。好スタートを切るためには、身体が本塁と正対し、つま先が進行方向に向いていることが必須だ。それと同時に、ツーシャッフルめでどこまで出るかの基準を明確にすることも大事になってくる。

「キャッチャーからの一発けん制で戻れるぎりぎりの位置を、第二リードに設定してやっています。具体的には三塁コーチャーボックスのホーム寄りのライン。ここはいい目安になりますね」

このラインをゴロ・ゴーの〝スタート地点〟として足を合わせ、インパクトを迎える。

「三塁コーチャーボックスのホーム側のラインが、ツーシャッフルめの右足。実際にスタートする足になるようにします（次ページ写真B）。だいたいここを基準にすれば、スタートしない場合でも注意していれば帰れます。あとはキャッチャーとの兼ね合いですね。肩の強さ、ステップが速い、遅いなどです。左足でインパクトを迎えて（右足空中）、右足でスタートする加速のイメージは、二塁ランナーのときと同じです」

ゴロ・ゴーが一般的になってきた近年は、ゴロ・ゴーよりも早くスタートを切る〝振り出し・ゴー〟がある。ギャンブル要素が強くなるが、これだと2秒8ぐらいで本塁へ還ることができる。

けん制がないと思った瞬間、捕手に半身で正対して、フェンシングのステップのようにシャッフル開始するのが理想。最短距離をたどるステップでツーシャッフルめに勢いを入れて、いいスタートにつながるよう意識する。

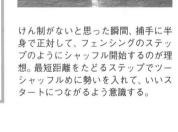

三塁コーチャーボックスのホーム側のラインが、実際にゴロ・ゴーでスタートする地点。ツーシャッフルめの右足がこのラインに合うようにする。

「振り出し・ゴーの練習はしてないんですけど、実際の試合では選手たち自身でやっているると思います。毎日自分のチームのバッティング練習を見ているからわかりますよね。『こいつなら当てるだろう』となったら、自然に前のめりになっていると思います」

機動破壊　其の六十四

三塁走者が好スタートを切るためには、身体が本塁と正対し、つま先が進行方向を向いていることが必須。

ゴロ・ゴーとバックの練習法

練習する際はボール球の見逃しだけでなく、空振りも入れて、捕手からの一発けん制で戻れるようにしておくことも忘れてはいけない。当然のことながら、左打者の場合は障害物がないため捕手は投げやすい。外に外しての一発けん制も含め、雰囲気を感じることができるか。マニュアル通りではない練習をいかにこなしておくかも大事だ。

「戻り方としては、ツーシャッフルめで右足を着いて、その前に左足があったところに左足を戻して戻る。一本のライン上でしか足を運んでいないイメージですね。ツーシャッフルめで左足を着いて、空中にあった右足が着くまでにゴーかバックかの判断をしないといけないので、バットに当たったとか、フライとか、空振りしたとか頭の切り返しがいかに素早くできるかにすごく重点を置いている感じですね」

捕手からの距離が近い分、アウトにもなりやすい。ゴロ・ゴーの練習をするなら、バックの練習もくり返しやっておくことを忘れてはいけない。

「セカンド送球が2・0秒ぐらいのキャッチャーに、実際に一発けん制をやらせて身体で覚えるパターンですね。キャッチャーの一発けん制は雰囲気が出ます。左足をスッと出しますから。初球、0ボール1ストライク、0ボール2ストライク、1ボール2ストライク、この4つは外せるカウントなので、常に『けん制あるよ』というのはコーチャーとランナーで意識を共有する。その準備だけでもずいぶん違います。だから、リードはいつも同じじゃない。一発けん制のとき、キャッチャーは明らかにボールゾーンに構えますからね」

読みを働かせることで、無駄にアウトになることを防ぐ。リスク管理ができているからこそ、思い切った走塁ができるのだ。

脇本コメント

「空振り以外、フライでもファウルでもスタートしようと言われていました。逆に空振りしたらすぐ戻れと。右足を空中でインパクトに合わせるようにやっていました。そこからフライが上がってもすぐに帰塁してタッチアップの姿勢を取るとかしていたので、そのおかげで結構早くゴロ・ゴーのスタートが切れるようになったのかなと思います」

［**実例 9 神村学園戦・岩国戦**］

2012年センバツ2回戦の神村学園戦。1回表1死三塁から大澤攻行のピッチャーゴロで、三塁走者の中山奎太がゴロ・ゴー。打球は一塁線に転がるボテボテのゴロだったため、中山は楽々とホームインした。本塁生還タイムは3秒35だった。

2014年夏の甲子園1回戦の岩国戦。3回表1死三塁から長島僚平のサードゴロで、三塁走者の星野雄亮がゴロ・ゴー。躊躇なく飛び出し、本塁生還タイムは3秒28。三遊間寄りのゴロで三塁手が飛びつく打球だったが、普通に捕球してもセーフになる好スタートだった。

機動破壊 其の六十五

読みを働かせることで、無駄にアウトになることを防ぐ。リスク管理ができているからこそ、思い切った走塁ができる。

ゴロ・ゴーでの約束事❶

ライナーの場合

ゴロ・ゴーでは、打者がゴロばかり打ってくれるわけではない。フライもライナーもある。フライなら帰塁する時間があるが、ライナーにはない。その際にどうするかは事前に決めておかなくてはいけない。

健大高崎では、サードライナーとショートライナーはゴーと決まっている。戻っても絶対にアウトになるからだ。それなら、そのまま走った方がいい。もし落球すれば1点になるからだ。同様にピッチャーライナーもそのまま突っ込む。「ピッチャーとバッターの距離が近く、打球も速くて一瞬のことなので、ウチの選手では判断できなかったですね」。

だが、同じライナーでも、ファーストライナーとセカンドライナーはバックする。

「ファーストライナー、セカンドライナーも、タイミング的には絶対アウトなんですけど、送球という動作がありますよね。三塁まで距離があるので、一生懸命戻れば悪送球の可能性もゼロではない。だから、遅れてもいいから戻れと言っています」

ちなみに、これと同じ考え方なのが、エンドランの際の一塁走者。

「ファーストライナー、セカンドライナーはゴーです。一塁までの送球距離が短いため、戻ってもアウトなので、弾くことを期待するしかない。止まって捕られたら絶対ファーストでアウトですし、止まっても落としたらセカンドでアウトで、何にもならないですから。サードライナー、ショートライナーは送球ミスがあるので、そこは頑張って、アウトとわかりながらも戻れと」

参考までに、ハーフライナーの場合は飛んだ場所に関係なくバックになっている。

機動破壊　其の六十六

サードライナーとショートライナーはゴー。戻っても絶対にアウトになるため、そのまま走って、もし落球すれば1点になる方がいい。

ゴロ・ゴーでの約束事❷

ピッチャーゴロ、キャッチャーゴロの場合

では、これも生還するのが難しいピッチャーゴロやキャッチャーゴロの場合はどうだ

ろうか。

「ピッチャーゴロは、捕ったのを確認して止まります。特にワンバンのゴロは止まりますね。キャッチャーゴロもゴーして止まります。ただ、バットの先っぽに当たって変な当たりになれば行けることもある。キャッチャーゴロなら、キャッチャーの守備範囲にもよりますね。キャッチャーの目の前なら止まりますけど、三塁側に少し走っていくような打球なら追い越せることもある。その判断は訓練ですね」

不規則回転の打球やどん詰まりの打球など、試合でしかない打球や予想外の打球は、意外と実戦では起こる。そんな打球に対応するためにも、ゴロ・ゴーの練習は実戦形式が基本だ。

「ノックバットで三塁線に転がす練習をしてもうまくならないと思います。それだと予想がつきますから。ランナーつきの走塁練習はノックバットでは絶対やりません。なぜなら、絶対当たるから（空振りがないから）。

ノックバットだとスタートが速く、全部ギャンブルスタートになる。そんなことでは打球判断は身につきません。実際の打球はノックバットとは全然違いますから、必ず実際の投球を私が打つ。春先からは選手たちが打ちます」

練習のための練習をしていても、走塁は向上しない。いかに実戦に近づけることができるか。試合でしか起こらないプレーを再現できるか。これがポイントだ。

機動破壊　其の六十七

不規則回転やどん詰まりの打球など、試合でしかない予想外の打球は、意外と実戦では起こる。そんな打球に対応するためにも、練習は実戦形式が基本。

ゴロ・ゴーの応用と、三塁走者のスライディング

もちろん、三塁走者は常にゴロ・ゴーというわけではない。二塁走者のときと同様、状況によって変わってくる。ゴロ・ゴーをするか、しないかはそのときにベンチから指示が送られる。

「ノーアウトや後のバッターが期待できるのであれば行かせないこともあるし、後のバッターが期待できず、監督の頭にスクイズもあるとすれば、抜けてからゴー、ライナーバックに変わることも結構あります」

走者二、三塁のときはゴーが基本だが、三塁線に飛んだ場合だけは走者の動きが変わってくる。

「三塁線にゴロが飛んだときだけは、ゴロ・ゴーでスタートを切って、『サードが捕る

と思った瞬間に見ろ』と言っています。捕ったらブレーキです。三塁線だけはセーフにならないんですよね。ランダウンプレーに持ち込んで、バッターランナーを最悪二塁まで行かせろと指導しています」

また、三塁走者のスライディングにも独得のこだわりがある。厚みのあるベースに向かっていく他の塁とは異なり、平らなホームベースに向かっていく三塁走者。そこには捕手も待ち構えている。

「ホームプレートの4メートル奥にカラーコーンを置いておいて、そのコーンを蹴っ飛ばせと言います。ホームプレートからスライディングが始まるイメージですね。内野ノックのバックホームでタイムを計ると、全部2・7秒から2・8秒。タイム的に生還は難しいんですけど、タッチ動作があるから3秒を超えてくる。タッチ動作も加味して考えると、スライディングの速さがすごく大事になってくる。いかにキャッチャーをかいくぐるかが大事になってくるので、それは練習します。ただ、ピッチャーは手からのスライディングはしないように。よけて左足でのフックスライディングが主流ですね」

機動破壊 其の六十八

三塁走者のスライディングは、ホームから始めるイメージ。ホームを突き抜けて、そ

の先まで滑るつもりで、スピードを落とさないよう意識する。

スクイズの注意点と秘策

ゴロ・ゴーと同じで、投手の自由な足が前に出て行くタイミングでスタートする。レベルの高いバッテリーだと、走ったのを見てピッチドアウトしてくる場合もあるが、「バッターが先に構えてなければ、ピッチドアウトされることはないと思います」。警戒され、完全に外されたときはベンチの責任ということになっている。

それよりも、健大高崎が重視するのは観察力。捕手の動きなどを見て、いかに何かを感じ取ることができるかだ。

「感性の問題ですね。中には感じられる選手もいました。観察しろとはいつも言ってますけど、外されて戻る練習はしたことがないですね。ワンバンならそのまま突っ込む。フライは戻る。外されなければバッターの責任です」

走者としては特別なことはしていない。だが、打者と連動して〝仕掛ける〟ケースはある。

「〝スクイズ・エバース〟と呼んでいるんですけど、ピッチャーが動いたときにダダダッとランナーが走って、スクイズの構えをして見送るというのはやってます。それを最初に入れておくと、バッテリーサイドからすると『また、それか』と思って外せなくなるんじゃないかと。そこらへんの駆け引きに変わってきますよね。そこはウチの得意分野ですから」

もちろん、これも簡単にできるプレーではない。相手バッテリーをいかにだませるか。技術が必要だ。

「これはちゃんと練習しないとダメです。ランナーはわずかに早く走らないとダメだし、バッターはわずかに早く構えないとダメ。早く構えすぎるとダメなんですよ。ピッチャーも『構えだけね』とわかるので。逆に遅く構えると本当のスクイズだから、ピッチャーをだませなくてダメなんです。それだと普通にストライクを投げちゃうんで。ピッチャーがまだ小細工できるタイミングで構えないといけない。これもこだわりが強いプレー。心理的な揺さぶりに関するプレーにはうるさいですね」

目的はあくまでボールを稼ぐこと。いかにタイミングよく動いてボール球を誘うことができるか。心理を乱す走塁こそ健大高崎の真骨頂。地道な練習が求められる細かいプレーへのこだわりが、走塁力を上げていくことにつながっている。

機動破壊 其の六十九

スクイズで大切なのは観察力。捕手の動きなどを見て、いかに何かを感じ取ることができるかが重要。

セーフティースクイズを成功させる方法

セーフティースクイズが多用されるのは走者一、三塁のとき。一塁走者がいるため、一塁手がベースについているからだ。また、一塁手は打力優先で起用されるため、守備に不安のある選手が多いことからも一塁側へのバントが有効になる。狙い通り一塁側にバントができれば問題ないが、内角球など一塁側に転がしづらい投球で、三塁側へのバントになってしまったときのための走塁を練習している。本塁を狙うタイミングは、三塁手が一塁へ投げた瞬間だ。

「セーフティースクイズで三塁側は成功しないんですよね。だから練習します。サードはファーストよりダッシュがいいですし、守れる位置もファーストより少し前ですし、守備もファーストよりうまい。なので、『このバントじゃ、ホームに行けない』というのをランナーが演出するんです。バットに当たった瞬間に、ランナーは行こうとして止まるんです。止まってサードが捕って、このときにランナーを目でけん制する選手とそうでない選手がいますけど、一塁に投げるモーションに入ったらゴーで、送球間にホームインです。

あらかじめ三塁側にバントするのを、相手がわかっていればわかっているほどいいですよ。『サードダッシュ悪いから、三塁側で大丈夫だよ』とベンチから言う。『何を!』と思って、どんどん前に寄ってきてダダダッと捕りにきます。三塁ランナーは行けないことを演出してるし、バッターランナーは一生懸命ファーストに走るので、時間的な問題で投げちゃうんですよ」

この練習をしておけば、打者心理からして「一塁側へバントしなくてはいけない」という精神的な負担がなくなる。「セーフティースクイズ＝一塁側」という固定観念から解放され、一塁側、三塁側どちらでもいいと思えるため、バントも決まりやすくなる。走塁の技術を上げることが、打者にとってもいい結果につながるのだ。

機動破壊　其の七十

セーフティースクイズでも、走塁の技術を上げることが打者の負担を軽くし、バントも決まりやすくなるなどのいい結果につながる。

2ランスクイズのポイント

満塁または二、三塁の場面でのスクイズで、三塁走者だけでなく、二塁走者も本塁を狙うのが2ランスクイズだ。健大高崎が、甲子園で初めてインパクトを与えたのがこの走塁だったといえる。

［**実例 10　今治西戦**］

2011年夏の甲子園の開幕戦、健大高崎対今治西の試合。0対0で迎えた3回表、健大高崎は1死二、三塁から6番の柳沢潤也がスクイズを敢行した。バントは投手・中西雄大の右前（三塁寄り）へ転がり、三塁走者の竹内司がホームイン。さらに中西が一塁へ送球する間に二塁走者の門村鴻輝も本塁へ突入。見事に2ランスクイズを成功させた。たまたま2ランスクイズになったのかと思いきや、二走の門村にはしっかりと走った根拠があった。

「ピッチャーが1年生だったので、必ずファーストに投げると思って行きました」

1死二、三塁で左打者の柳沢潤也を迎えたところで、今治西・大野康哉監督は1年生の大型左腕・身長179センチの中西をマウンドに送っていた。中西は愛媛大会でも3回3分の2しか投げていない。開幕試合の緊張感、バント処理を苦手にすることが多い大柄な左腕投手、経験不足な1年生と、二塁走者が本塁を狙える材料は揃っていた。中西が捕ったときには、門村はすでに三塁を回り始めている。「1年生だから偽投しての三塁送球はない」。この確信があったから、躊躇ない走塁ができた。

「普段練習はしてないんですけど、練習試合でもいきなり使うと結構できたりするんですよね。二塁ランナーは最初のリードがすごく大きくないといけないので、もちろん、前進守備じゃないとできません。

そこからは、『二塁けん制は絶対ない』という決めつけですね。決めつけないといいスタートは切れないので。マウンドより一塁側の打球は本塁に行かない方がいいです。ピッチャー、キャッチャーが捕ったとして、ファーストに投げる距離が短いので。三塁寄りが前提ですね」

機動破壊　其の七十一

2ランスクイズで、まず二塁走者は最初のリードを大きく取る。本塁を狙える材料がいくつか揃えば、あとは思い切りよくスタートを切るだけ。

柏原

第6章

走者の心得と、応用プレー

複数走者がいる際の後ろの走者の心得

14年夏の甲子園決勝・三重対大阪桐蔭の試合の5回表、三重の攻撃。無死一、二塁から打者が送りバントを失敗。ファーストフライとなったが、一塁走者の宇都宮東真が飛び出して併殺というプレーがあった。前に走者がいるため、一塁走者はあわてる場面ではない。走塁に自信のない選手がやってしまいがちなボーンヘッドだ。

この場合はバントだったが、むしろこの類のプレーは盗塁やローボールスタートなどのときに起きやすい。

「前のランナーが優先。『必ず見なきゃダメだよ』と言っています。一、二塁でワンバン・ゴーをミスすることがありますよね。二塁ランナーはショートバウンドと判断した、一塁ランナーはハーフバウンドと判断した。一塁ランナーは一生懸命セカンドに走ったけど、二塁ランナーはブレーキをかけているということがあるので」

ダブルスチールの際も同様だ。一塁走者は必ず二塁走者を見て走らないといけない。

「二塁ランナーだけがピッチャーのモーションを盗んで、一塁ランナーが遅れたときに、プロのキャッチャーだとセカンドで殺すことがあるんですけど、高校野球レベルではあまりないと仮定してやってますね。一塁ランナーは、単純に前のランナーを見て、金魚のふん状態でついて行けと。このケースでのミスは、井端選手や内川選手クラスでもやっちゃうぐらいですから、徹底しないとダメですね」

13年WBC準決勝の日本対プエルトリコ戦。1対3とリードされた日本は8回1死一、二塁でダブルスチールの構えを見せた。二塁走者の井端弘和（現読売ジャイアンツ）はスタートの構えだけで止まったが、井端がスタートしたと思った内川聖一（現福岡ソフトバンクホークス）はそのまま走ってしまいタッチアウト。惜しい走者を殺してしまった。こういったミスをなくすためにも、「後ろの走者はあわてずに前の走者を確認」。これを徹底したい。

「一塁ランナーがスタートできず、場合によっては一、三塁になることもあります。でも、一、三塁の方が攻めやすいこともあるので、あまりおとがめはなしですね」

あくまでも前の走者が優先。後ろの走者は無理をする必要はない。

「二、三塁だと前進守備に変わりますよね。内野ゴロだったときにホームが取りにくくなります。一、三塁だと一、三塁というだけで中間守備なんですよ。あとはバッターとの兼ね合いで、ゲッツーが怖かったらエンドランをかけて防ぐ。二遊間は後ろなので三塁ランナーはホームインできます。1アウト二、三塁にしてしまったばかりに同じようなゴロでも点が入らない可能性もありますから」

試合状況や打者の打力、相手投手の出来などを考慮し、臨機応変に対応する。同じ場面に見えても、やるべきことは変わってくるのだ。

機動破壊 其の七十二

複数走者がいるときは、あくまでも前の走者が優先で、後ろの走者は無理をする必要はない。あわてずに前の走者の動きを確認することが大切だ。

走者の約束事❶

走者一塁から、ヒットエンドランで右中間または左中間寄りのシングルヒットの場合

この場合、エンドランがかかっているため、一塁走者の三塁到達は確定だ。だが、タイミング的には本塁を狙うのは難しい。

「三塁は楽々セーフなので、外野手はサードではなくカットマンに投げます。打球は左中間、右中間なので、カットに入るセカンドかショートもそれなりに深くまで追っている。その追った位置で、送球を捕ったときが重要ですね」

その時点で三塁を回ってホームに突っ込んでいけば、カットマンから本塁に送球されてアウトだ。そうならないよう、走者は三塁ベース到達後、シャッフルをしてカットマンの様子を見る。

「カットマンのセカンド・ショートは、捕って投げる構えはしますけど、三塁ランナーがホームを目指してなければ走って持ってくるのがほとんどです。誰もが『持ってこい、持ってこい』と言ってますから。

三塁を回ってからシャッフルに変えれば、『走ってる』とは言わないです。なので、シャッフルのポーン、ポーンという動きを見て、カットマンが走る動作になったときにホームを目指すんです。走っていてランニングスローはできません。もう1回、体勢を整えて投げる動作を入れてホームに投げます。焦りが出て送球が乱れることもある。練習試合でも大会でも、これまでやったときは全部成功してますね」

ひとつめのポイントは三塁ベース到達後、すぐにシャッフルに変えること。これでいかにも本塁は狙っていないかのように装う。ふたつめのポイントは、シャッフルをなるべく大きくすること。少しでも本塁に近づくよう、距離を稼ぐためだ。

「狙ってるふりだけのランナーはいっぱいいます。シャッフルはやってるけど、結局行かないランナーがいっぱいいる。『今行かなかったらいつ行くの？』みたいな。最初は勇気がいります。そもそも、本来行けないタイミングなんで止まっているわけですから。

行けるなら三塁コーチャーは行かせてますよね。

距離的に言ったら難しいんです。でも、セカンド・ショートがそういう動きをするのを前提でやっている。相手の心理を読み取った走塁です。ミソは完全には止まらないこと。勢いよくサードベースからシャッフルして距離を稼いでほしいですね」

1死は三塁までという約束事があるため、無死、1死でこれはやらない。狙うとすれば、基本的に2死のときだ。

［**実例 11** 天理戦］

この〝応用〟プレーを見せたのが12年センバツ1回戦の天理戦。2対2で迎えた7回無死一塁の場面だった。秋山浩佑の左中間二塁打で三塁に到達した一塁走者の小林良太郎が、カットに入ったショートの緩慢な動きを見て本塁に突入。勝ち越し点を奪った。

「まさかホームに行くとは思いませんでした。準備が全然できていなかった。すぐに投げればアウト。自分のミスですよね」（ショート・吉村昴祐）

練習しているプレーとは微妙にケースこそ違うが、「相手がこういう動きをしたら行ける」という頭の準備ができていたため、小林は走ることができた。ちなみに、178センチ、80キロの小林は、50メートル6秒8と決して俊足ではない。走塁は足の速さではない。徹底した準備があるからこそ、思い切りが出るし、応用もできるのだ。

機動破壊　其の七十三

シャッフルを有効に使って距離を稼いでおき、相手の野手が緩慢な動きを見せた場合は、思い切って本塁を狙う。成功率は非常に高い。

走者の約束事❷

フライが上がった場合

走者一塁、走者二塁、走者三塁……フライの際のセオリーとしてはハーフウェーだが、健大高崎ではどのケースでも基本的にタッチアップを狙う。

「ウチの場合、野手が落下点に入れば、フライが多少浅くても完全にタッチアップの態勢に入ります。あまりにも浅いフライは、ランニングキャッチになるのでハーフウェーになりますけど」

もちろん、普通にタッチアップできる打球はそのままゴーだが、問題は落下点に入れるような打球ではあるが、タッチアップは行けないという当たりのときだ。

「タッチアップの姿勢を取るところまでは見たことがあるんですけど、行けない距離だとみんな行くふりだけして止まりますよね。そうではなく、ウチはそこから捕った瞬間にポーン、ポーン、ポーンとシャッフルです。例えば、センターがフライを捕って、カットマンに投げようとして投げない。その間にワンステップ入れます。ショートが近づいてきて、フワッと投げようとしている。こういう条件が揃ったときに、シャッフル、シャッフル、シャッフル、フワッ（と投げた瞬間）、ゴーですね」

普段から練習はしているが、難しいプレーのため、実戦で決行したのはいずれも練習試合でわずか二度。その二度とも成功させたのが、14年夏に2年生捕手として活躍した柘植世那だ。二塁走者として、センターフライで三塁を奪った。

「センターが余裕ぶってたので行きました。走塁練習をやってきて、守備陣のスキとかがわかるようになったので狙えるようになった。相手が、自分は足が遅いとわかっていて油断しているのもあると思うんですけど、自分は行けると思ったら行くタイプ。決めつけてちゃんとできるので、そこが判断よく行けるところかなと思います」（柘植）

柘植は二塁走者だったが、このプレーでさらに難易度が高いのが三塁走者だ。三塁走者の場合、タッチアップで走ったのがわかると一発でバックホームされてしまう。

「三塁ランナーはハーフウェーなんですよ。最初に内野手から外野手に『ハーフウェー』と言わせないとダメなので。『タッチアップ』と言われちゃうとホームに一発で投げられちゃうので、フライが落ち始めて、外野手が捕るのと同時にベースに戻る感じがいいですね。それでポンとベースから出て、シャッフル、フワッと投げた場合は行く」

ベースタッチ、ワンステップ、シャッフル、フワッ、ゴーのリズム。これを身体に覚え込ませることができるか。まずはベースタッチ後にシャッフルする習慣をつけたい。

「タッチアップで本塁に行かないのであれば、最初に走る動作はやめた方がいいですね。この動きを見せたせいで、すぐにホームに投げられちゃいます。それに、行かないのに一生懸命走ると送球が見られず、判断ができないので悪送球にも対応しづらい。結局は止まって見ることになるため、それがブレーキになってしまうんです。無駄ということに気づいた方がいいですね」

何でもかんでも全力で動いていては応用が利かない。投手の投球と同様、走塁の動きにも緩急を加えることで、いろいろな動きに対応できるようになる。緩急とリズム。これもまた走塁力向上には欠かせないのだ。

機動破壊　其の七十四

フライで野手が落下点に入れば、多少浅くても常にタッチアップを狙う。相手が油断してスキを見せれば、すかさず次の塁を目指す。

打球判断のポイント

これまで説明してきた走塁技術を完璧にマスターしたとしても、うまくいかないのが走塁だ。なぜなら、実戦ではそこに打球判断が入ってくるから。平凡なフライに見えた打球がポテンヒットになったり、完全にヒットだと思った打球がファインプレーに阻まれたり、試合では想定外のことがたくさん起きる。その中でも、観ていて「もったいない」と思うのが野手の間に落ちるフライ。スタンドから観ていると打った瞬間に「落ちるな」とわかる打球でも、走者は止まっていることが多々ある。これが二塁走者なら、1点取れるか取れないか。試合を大きく左右することになりかねない。

「打球判断の最初の導入としては、『観客が観て、普通にちゃんとした走塁をやっているると見えるように頑張るぞ』と。スタンドから観てると、『落ちるのに何で（走らない）！』というプレーが1試合に何プレーもあるんですよ。これも訓練と自分の感覚が大事になってきます」

このケースで走れない走者には共通点がある。打者が打った瞬間から、打球ばかり目で追いかけているのだ。

「フライのときにボールは見ないですね。カーンと打ったとき、自分の頭を越えるまでは見ますけど、そこを越えたらあとは野手です。どういう追い方をしているかを見る。それによって、そのままゴーするか、ハーフウェーで見ておくか、落下点に入りそうだからタッチアップにするのかを決める。ボールを見てる選手はずっとハーフウェーにいて、『あ、捕った』『あ、落ちた』なので、ボールを見ないように、野手の動きを見るようにというのは、第一に指導するところですね」

スタンドからは、打球が落ちそうな地点と野手のいる場所がひと目でわかる。そのため、ポテンヒットになりそうな打球だということがすぐに判断できるが、グラウンドレベルでは、ボールを目で追いかけていると野手の位置がわからない。ボールと野手の両方を追いかけることはできないため、野手の動きを見て判断するのだ。

こういった打球を含め、健大高崎では打球判断を目的とした練習を多く行う。走者つきのノック、1か所打撃などを延々と行う日もある。

「意識づけと感覚を染みつかせるために、ノックで練習することもあります。フライの判断はノックで大丈夫ですね。バッターが（投球を）打つ形式だと、同じプレーはまずできないじゃないですか。こういう打球が来たらこのプレーをやると決めていることに関しては、頭の中がフル回転する状態にするためにノックバットでやります」

実戦形式ではなかなかないライナーの打球判断も、ノックでくり返し練習する。どこまでの高さなら野手は届くのか。反復練習で感覚を身につけるしかない。

「これは染みつかせですね。たくさんやるしかない。練習もすごく難しいです。導入では、ノックでショートの頭を越える打球とショートライナーを打って高さを覚えさせます」

基本的な打球判断に関してはノックで身につけ、その後、実際に打者が打った打球で練習する。まずは基本、その後に応用。いきなり難しいことはできないため、段階を踏むことが大切だ。

「ランナーはベンチからのサインを見終わって、外野手の位置を確認してベースから出るのが大事ですよね。前を向いたときにも、どこに誰がいるかというのをわかるようにしておく。その上で一番大事なのは、打った瞬間のランナーの感性、直感ですよね。打った瞬間に『これはヒット、これはアウト』とわからないとダメです。

厳密に言うなら、目をふたつ使わないとダメですね。野手の追い方を見ながら、ボールが視界に入ってくるのも感じる。これもあきらめないで訓練することが大事だと思います。仮に言葉でいい教え方をしたとしても、次のプレーでやってみようと言ってもできない。できない選手は果てしなくできないですから」

打球判断だけは、実戦練習をくり返して覚えるしかない。順番待ちをしていても、目で判断の練習をすることはできる。時間を無駄にせず、1球でも多く練習できるか。そういう意識を持てるか。これもまた走塁力向上のカギになる。

機動破壊　其の七十五

ボールを目で追いかけていると野手の位置がわからない。ボールと野手の両方を追いかけることはできないため、野手の動きを見て打球を判断する。

練習の積み重ねで、打球判断は養われる

打球判断の練習として行うのが、シート打撃だ。投手が投げて、打者が打つ。通常のシート打撃では投手と打者が真剣勝負をするが、ここではそれは求めない。あくまでも走塁がメインのため、投手はストライクを投げ、いろいろな打球を打ってもらうことが目的になる。打者は高低の見極めの練習も兼ねているため低めは打たないが、高めの球ならややボール気味でも積極的に打つ。アウトカウントや走者がどこにいるかなど、毎回状況が変わるが、それに合わせてどんどんプレーを続けていく。

グラウンドレベルには走塁担当の葛原コーチがいてその都度指示を送り、打撃担当の生方啓介《うぶかたけいすけ》コーチはネット裏の高い場所から全体を見渡して指摘をする他、個別に打者を

呼んでアドバイスを送る。生方コーチは言う。

「あるケースに対して、すぐランナーが動く。それをぐるぐるぐるぐる、ただひたすらやっていくんです。その中で指導が入ったり修正が入ったりという感じですね。これだとスピーディーです。限られた時間の中で、どれだけ経験値を得られるかということをメインに置いていますね」

もちろん、走者一、二塁などケースを固定してやる場合もある。ケース固定と変動の2種類を使い分け、とにかく多くの打球判断ができるように回数を重ねる。経験の多さが勝負なのだ。生方コーチはまさにそれを実感しているという。

「打球判断の練習をせず3日空くだけで、次の練習でそれをやると、『こんなに?』と驚くぐらいすごく鈍いんです。だから、これはキャッチボールとかトスとかといっしょで、毎日やらないといけない練習なんだと感じました。

そのぐらい、今日できるようになったから、そのまま自分のものになったかというと、そうではないんです。経験の多さがものをいうのかなと思いますね。

やっている成果は、試合の中でも、他のチームと比べていっぱい感じます。自分のチームですけど、『うまいな』とか思いますよ。逆に、相手チームが、『今の行けるのにラッキー』とか」

帰塁や盗塁といった技術は一度習得してしまえば忘れないが、打球判断は感覚的なもの。だからこそ、時間を割く必要がある。この時間を「もったいない」と削っているようでは、取れたはずの1点を取り損ねてしまう。何事も、徹底するためには、時間が必要なのだ。

［**実例12**　山形中央戦］

２０１４年夏の甲子園３回戦の山形中央戦。５対３と健大高崎リードで迎えた６回裏１死二塁で、２番の星野雄亮がセカンドの頭をライナーで越えるセンター前ヒット。セカンドがジャンプしたライナーのため、二塁走者の平山敦規はスタートが遅れたが、打球が右中間寄りなのを頭に入れた上でホームへ。二塁から本塁のタイムは７秒48だったが、センターからセカンドに返球されたときには平山は本塁を駆け抜けていた。

「セカンドライナーかと思ったので１歩戻りました。そこから捕れないなと思ったので、切り返してスタートしました。ライナーバックが頭に入っていたので、ライナーが飛んできて身体が戻ったんです。あとは外野の位置を見ていたので、あそこを抜けると正面に守ってると結構右中間寄りは投げづらいんですよ。自分も外野やってるんで。正面に守ってると打球に入るまで時間がかかるし、送球時に左肩を入れて体勢を作らなきゃいけなかったりするんで（平山は右投げ）、あそこらへんに飛んだら、ちょっとスタートが遅れても普通に還れます。判断は練習の積み重ねですね」

この場合、ライナーで一旦戻った時点で本塁生還をあきらめる走者もいるはず。だが、平山は外野手の位置を確認していたのと、自身の外野守備経験から確信を持って本塁に走った。いいスタートが切れなくても、根拠を持って三塁を回ることができたのは練習を積み重ねた結果。この後、脇本直人が三振、長島僚平がセンターフライに倒れたため、もし三塁ストップなら得点が入らなかった可能性もある。大きな走塁だった。

機動破壊 其の七十六

帰塁や盗塁といった走塁の技術は一度習得してしまえば忘れないが、打球判断は感覚的なもの。だからこそ、練習に時間を割く必要がある。

打球判断
——走者一、三塁の外野フライの場合

外野フライの中でも打球判断が難しくなってくるのが、無死または1死一、三塁のときの一塁走者だ。通常は抜けたときに備えるが、これによってタッチアップで二塁を取れる機会を失っていることも少なくない。

「定位置へのフライだったら、外野手はホームで勝負してくるので、一塁ランナーと三塁ランナーが同時にタッチアップするイメージですね。深めでも落下点に入っていればタッチアップです。ただ、深めの場合には一塁ランナーは一生懸命行っちゃダメですね。外野手は、間に合わないためホームに投げないですから。様子をうかがいながら、行けたら行く」

タッチアップの姿勢に入るのは、あくまで外野手が落下点に入るときに限定される。

「外野手が一生懸命追っているようなフライだったら、一塁ランナーはセカンドベースについて待ってなきゃダメです。抜けたら長躯ホームインしないとダメなので。野手の動きをちゃんと見て、どのパターンを選択するか決める。こういった理論を最初に話した上で、訓練をくり返す。これはフライ系なのでノックで練習できます」

外野手の守備位置、フライが飛んだ位置、外野手の捕球体勢、三塁走者の足の速さ、外野手の肩、一塁走者自身の足の速さ……。プレー前に確認することはいくつもある。それをJK（準備・確認）した上で、実戦練習をくり返す。他の選手のプレーを自分にも活かす。ひとつの塁を奪うためにどれだけこだわれるか。試合で実行するためには、反復練習しかない。

機動破壊　其の七十七

外野手の守備位置、フライが飛んだ位置、外野手の捕球体勢など、さまざまな情報を総合的かつ瞬間的に判断し、臨機応変なプレーで対応する。

送球の高低でも次塁を狙う

判断といえば、打球判断以外でもうひとつある。外野手の送球の高さの判断だ。タイムリーヒットを放ったときの打者走者が送球間に二塁に行けるかどうか。これは得点に大きくかかわってくる。

「カットを経由したときは二塁には進まないですね。よくショートがホームに投げたのを見て二塁を狙う選手がいますが、そのタイミングだと二塁でアウトになるんですよ。逆に、ノーカットのときは狙います。送球の高さは感覚ですね。これは練習だとなかなか出ないんです。でも、試合になると外野手は一生懸命になって、一本で返そうと高いボールを投げるんですよ。このケースは、公式戦だとめちゃくちゃあります」

これも、心理だ。試合だと「点をやりたくない」という気持ちが急に出てくる。それが、高い送球や間に合わない塁に送球することにつながる。終盤で接戦なら、なおさらそうなるはず。走者はいかに守っている相手の気持ちを感じられるか。それがわかっていれば、タイムリーヒットでガッツポーズなどしている場合ではない。次の塁を狙えるチャンスは、常にあるのだ。

［実例⑬　桐生第一戦］

14年秋の群馬県大会4回戦、桐生第一戦。センバツ8強の桐生第一と夏の選手権8強の健大高崎との大一番は、6対5と桐生第一の1点リードで9回裏の健大高崎の攻撃を迎えた。1死二塁から4番の柴引良介がセンター前にゴロで抜けるヒットを放つ。二塁走者の柘植世那はホームへ。あわてたセンターの久保竣亮はジャッグル。この時点で本塁は間に合わなかったが本塁へ、しかも1人で高い送球を投げた。これを見た柴引は177センチ、90キロの巨体を揺らして二塁へ。チーム一の鈍足だが、相手のスキを見逃さなかった。この後、2死一、二塁となり、最後は高橋翔大がセンター前へサヨナラ安打。柴引が二塁を陥れたことが勝利へつながった。

機動破壊　其の七十八

試合では相手がありえない悪送球をする場合も多い。走者はタイムリーでガッツポー

ズなどしている暇はない。次の塁を狙えるチャンスは常にあるのだ。

ハプニングでの臨機応変な対応

もうひとつ、判断で欠かせないのはハプニングへの対応。試合では、思ってもみなかったことが起こる。外野手がとんでもない方向に投げてしまったり、相手のカバーやバックアップが遅れたり……。カットマンがジャッグルしたり、送球を落としたりというのは日常茶飯事だ。

「練習ではやりにくいですけど、やるようにした方がいいと思いますね。走塁練習中に、守備をめちゃくちゃ怒ることもありますね。スキを突く練習をやってるのにスキを作らないプレーばっかりしてると。バックホームもわざと高めに抜けたボールも放れと。守備側にも『走塁をうまくしてあげよう』という気持ちがないと、たまにしかないプレーはできないんですよ」

公式戦では相手の守備の分析結果も発表される。弱いポジションがあって、そこを突いていこうという練習のときに、一生懸命、いつもどおりのプレーをしていても、チームにとって練習にはならない。

「データ発表はメンバーだけに伝えてるんじゃない。メンバー外にも伝えてるんだと。データ発表があった後の練習は、チーム一丸となってやってるんだから、相手チームになりきれと言います」

思わぬプレーがあったときに、とっさに反応する走塁ができるかどうか。これは走者だけでは練習できない。予想外のプレーを守備陣がいかに作るか。スキを突く好走塁を生むためには、守っている選手も含めたチーム全体の意識と協力が必要なのだ。

機動破壊 其の七十九

実戦でスキを突く好走塁を生むためには、普段からの練習が必要。これは、守っている選手も含めたチーム全体の意識と協力が不可欠なのだ。

状況判断を養う実戦練習

先述したように、健大高崎の走者には「無死なら二塁まで、1死なら三塁、2死なら三塁でアウトにならない」という約束事がある。基本的にはそれによって動くが、試合状況によって変わることもある。それを考えさせるために、走塁練習ではスコアボードに得点を入れながら進めることもある。

「これをやるときはずっと走塁練習なので、表も裏も攻撃なんですけど、最初は0対0の状態ですよね。例えば1回表に2点が入るじゃないですか。そうすると、1回裏は2対0で負けてるわけです。2点負けてるので、最初のランナーは、無理をするような好走塁がそこまで必要じゃなくなってくるんです。

だからランナー一塁でヒットが出たときに、クロスプレーになりそうだったら一、二塁で止まっておくということになる。2対0で勝ってる場面だと、今まで通り、『ノーアウト二塁を作る』という約束事が採用されます」

走塁のチームだからといって、全部が全部好走塁を目指さなくてもいいということ。場面、状況、点差によって、やるべきことは変わってくる。何も考えずにただ前の塁を狙うだけなら、一見前進をしているようで実は〝思考停止〟だ。

「特に大量得点差がついて負けているとき。ランナーを塁に溜めていかないとダメな場面では、ひとつの好走塁をすることに大きな意味はないので、点差、イニングによるブレーキというのは、練習の中でスコアボードを見ながら話しますね。何点差で何回か。状況を考えず、いつも同じことしかできない選手がいますから」

機動破壊 其の八十

場面、状況、点差によって、やるべきことは変わってくる。何も考えずにただ前の塁を狙うだけなら、一見前進をしているようで実は〝思考停止〟だ。

勝負所における投手の走塁

接戦の終盤などで、ベンチとして一番頭が痛いのが、投手が走者に出ることだ。走塁練習が足りていないと、進塁できる場面でもできない。二塁から本塁に還れない、三塁から本塁にタッチアップできないなど、勝敗に影響することも珍しくない。

「ピッチャーも二盗は同じように練習させます。でも、試合になったらあまりリードを大きく出させてはいないです。ピッチャーに走塁をしっかりやってほしいのは勝負所ですね。同点とか、1点負けているぐらいの8回2死一塁とか。この場面は相手が長打を警戒しているので、ホームラン以外は点が入らない。1点は欲しいけど、じっとしていたら入らないという状況ですから、相手ピッチャーが熟練されてなくて、走れる場面だったら（盗塁に）行ってほしいというぐらいの感じです」

ただ、やはり打球判断のミスは痛い。〝各駅停車〟で終わるのと、一打でふたつ進めるのとでは天と地ほどの差がある。

「不思議なもので、大事なシーンで意外とピッチャーがランナーに回ってくるんですよ。そういうときに限って『練習しておけばよかった』という場面があるので、打球判断の訓練はしっかりやりますね。走塁練習はピッチャーもやった方がいい。ウチはピッチャーも野手と同じだけしてます」

大会中でも主戦として長いイニングを投げる投手、打撃のいい投手は走塁練習に入れるようにしている。「ランナーがピッチャーだから……」という言い訳を作らない。走塁に力を入れるチームとして、「投手の走塁で負けた」という状況だけは作らないよう準備はしている。

機動破壊 其の八十一

投手に走塁をしっかりやってほしいのは勝負所。大事な場面で「投手の走塁で負けた」という状況だけは作らないよう、投手も走塁練習は行う。

コーチャーの役割と重要性

走塁に特化するチームカラーだけに、見逃せないのはコーチャーの役割だ。一塁コーチャーにはさほどこだわっていないものの、三塁コーチャーにはそれなりの仕事を求めている。

「ランナー一塁のときは、コーチャーボックスの一番左側、レフト寄りに立ちます。一塁ランナーはピッチャーをずっと見ているので、コーチャーのジェスチャーだけで視野に入るようにしておかなきゃいけない。一塁ランナーには『もっと出れる。あと1歩』などリードの大きさを指示します。それと、ワンヒットで目指すのがサードになるので、二塁を蹴って三塁を目指すときに正面の位置になるという意味もあります」

長打になり、一塁走者が本塁を目指すような場面に変われば、三塁コーチャーは右に動く。ホーム寄りに動いて、三塁を回って本塁を目指す走者の正面から、ゴーかストップかを指示するためだ。

「ランナー二塁も一番左です。ノーアウトは主にバントが考えられるケースなので、スライディングなのか、ノースライなのかの指示が一番多い。

■図A－1・2　三塁コーチャーの立ち位置

レフト寄り（一番左側）に立つとき

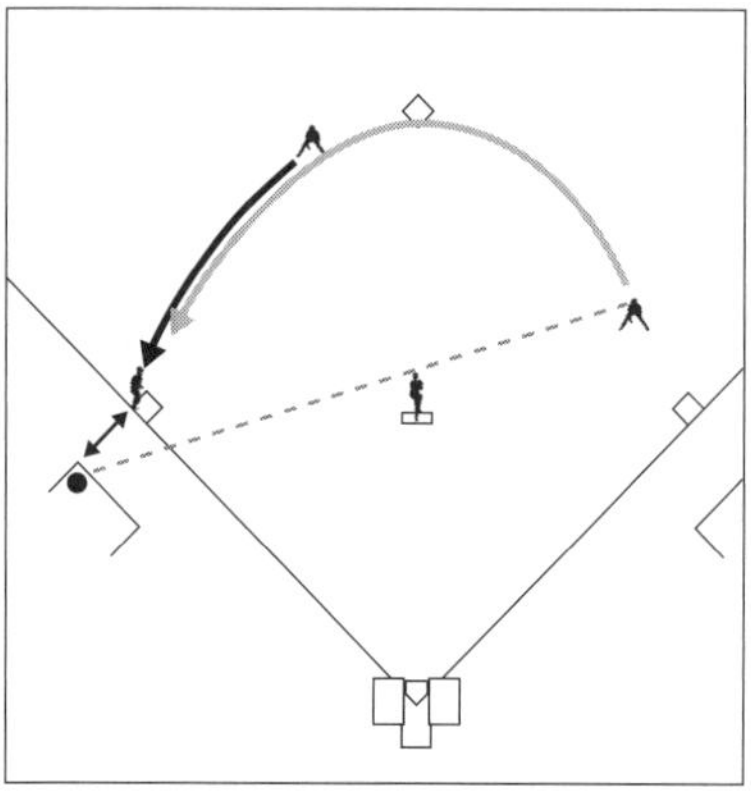

①走者一塁の場合　一塁走者は投手をずっと見ているので、コーチャーのジェスチャーだけで視野に入るようにするため。また、ワンヒットで目指すのが三塁になるので、二塁を蹴って三塁を目指すときに正面の位置になるという意味もある。
②無死、走者二塁の場合　無死は主に送りバントが考えられるケースなので、スライディングなのか、ノースライなのかの指示を出すため。
③走者三塁の場合　三塁走者は、サインひとつ間違えたら終わってしまう重要な走者なので、近い位置から細かく指示を出す。

ホーム寄り（一番右側）に立つとき

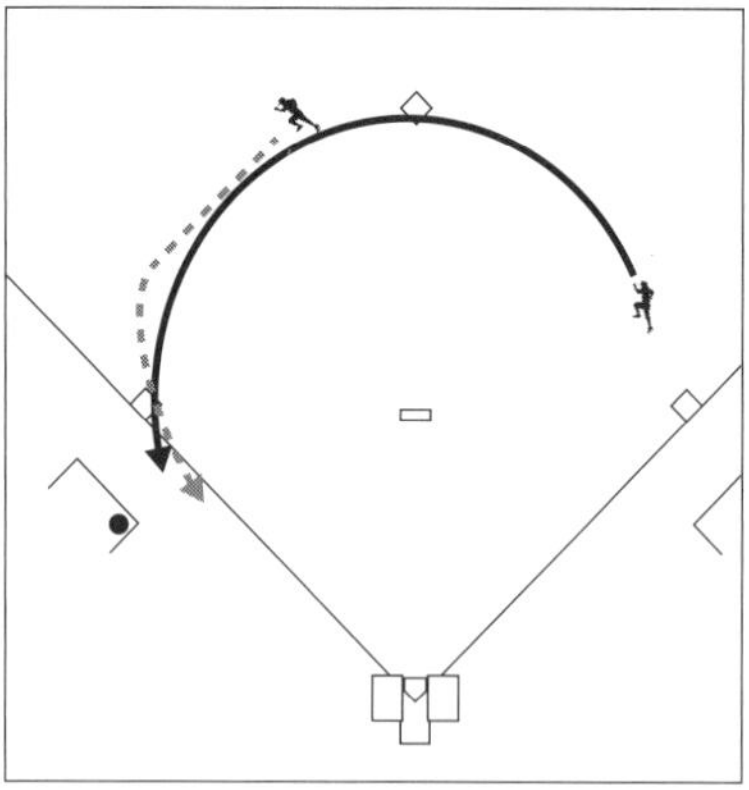

①走者一塁で長打の場合　長打が出て一塁走者が本塁を目指すような場面に変われば、三塁コーチャーは右に動く。ホーム寄りの位置から、三塁を回って本塁を目指す走者の正面で、ゴーかストップかの指示を出すため。
②一死、二死、走者二塁の場合　内野ゴロでもヒットでも、ゴーなのかストップなのかの指示を一番重視する。盗塁のサインがわかっていれば、投手がインモーションに入った瞬間に左側に動いて指示を出す。

ランナー二塁で1アウト、2アウトは右のホーム寄りです。内野ゴロでもヒットでも、ストップなのか回すのかを一番重視します。盗塁のサインがわかっていれば、ピッチャーがインモーションになった瞬間に左に動いて指示します。

ランナー三塁のときは、レフト寄り（左）にいて三塁ランナーにごちゃごちゃ言えるようにします。三塁ランナーは、サインひとつ間違えたら終わってしまう重要なランナーなので。ピッチャーがセットに入って、三塁手に聞こえたとしても、言わなきゃいけない場合もたまにはあると思います」

状況ごとによる三塁コーチャーの立ち位置は、図A‐1・2の通り。

一、二塁走者には、いかに先の塁を狙わせるか。三塁走者にはいかに無駄にアウトにさせないか。これを三塁コーチャーの一番の仕事にしている。

「例えば、カウントがピッチャー有利なとき、キャッチャーからの一発けん制があるので、雰囲気は感じるように言っています」

そして、もっとも特徴的なのは三塁を回る走者への指示の仕方。ゴーの場合、ぐるぐると手を回すのが一般的だが、健大高崎ではあえてその動作はしない。全部止めているように見せて、実はゴー、ストップがわかるようになっている。大きなジェスチャーは走者にとってわかりやすいが、逆に考えれば、相手にも行く、行かないを教えることになる。それを防いでいるのだ。

機動破壊 其の八十二

一、二塁走者には、いかに先の塁を狙わせるか。三塁走者にはいかに無駄にアウトにさせないか。これが三塁コーチャーの一番の仕事。

トリックプレーのコツ

センバツ4強入り直後の12年春の関東大会では、準々決勝の東海大甲府戦で、村中秀人監督を「あんな子供だましにやられやがって」と激怒させるトリック走塁を見せた。2対2の同点で迎えた9回表2死満塁。二塁走者の中山奎太が大きくリードを取ってけん制を投げさせ、挟まれる間に三塁走者の竹内司がホームイン。さらにショートの悪送球まで誘って2点を奪った。準決勝の埼玉栄戦ではアウトになったものの、3回表2死三塁の場面で四球を選んだ打者走者がノンストップで一塁を回って二塁を狙う間に、三塁走者がホームに突っ込むという走塁も見せた。

「15年も20年も前に流行ったトリックプレーをみんなやらなくなったんですよね。その後は誰もかからないから。それを誰かがやる前にこっちが引っ張り出してきただけ。みんなやらないから日の目を見るんです」

その後は常に警戒されているため、繰り出す機会は減ったが、チャンスがあればいつでも狙うという姿勢は変わらない。

「ミソを言っておくと、2人のランナーがいて、後ろのランナーをどう使うかですね。後ろがおとりになる。後ろのランナーにいかに目を行かせるか。一番わかりやすいのは、一、三塁の一塁ランナースタートですよね。それを応用していけば、いくらでもあると思います。ウチですか？　トリック走塁は10個ぐらいありますよ」

四死球の走者がノンストップで二塁を狙う走塁、先述した無死、または1死二塁で打者振り逃げの送球間に二塁走者が三塁を狙う走塁も、トリック系と同じ考え方。後ろの走者である打者走者が、おとりになるからこそ成立する。

「トリックなので、ランナーが1人じゃダメですね。ターンスチールは1人でやるトリックかもしれないですけど、そのランナーだけにしか目がいかない状況というのは難しい。2人のランナーがいて、守備の本能に訴えさせるというんですかね。

いくら二塁ランナーがいたって、一塁ランナーが10メートルもリードしていれば、本能的にピッチャーは嫌でもプレートを外すんです。そこで何ができるかわからないですよ。ただ、外すかどうかの話になれば、『こいつ、何やってんだ？』ということにはなりますよね。そこからどうやっていくかは、そのチームのカラーですけど。私の場合は、そういうのを考えるのが好きなんですよ。最初に仮説を立てて、こうしたらこうなるんじゃないかと考える」

走者二、三塁で右投手の場合、二塁けん制時に三塁走者がホームを狙うこともある。ただし、これはプレートを外し、反時計回りの回転をして二塁に送球した場合に限られる。左足を上げながら時計回りで二塁けん制をする場合は、走者が投手の視界に入るために走らない。二塁けん制時の三塁走者は、「投手の背中が見えた瞬間にゴー」。同じ状況でも、けん制の方法により走者のやるべきことも変わる。こんなことを考えるのが楽しいのだ。

14年夏の甲子園1回戦の岩国戦では、2回1死二、三塁で二塁走者の柴引良介がかなり大きめのリードを取った。第二リードでは二、三塁間の半分を越えるところまで出た。結果的に相手の捕手は送球してこなかったが、完全に捕手を誘っていた。

「最近は投げてこなくなりました。でも、別にいいんです。ヒットが出れば全部ホームインできるだけですから」

相手がトリックを警戒して後ろの走者を無視すれば、それだけ自分たちに有利になる。たとえ誘いに乗ってこなくても、やる意味は十分にあるといえる。記録に残らない機動破壊はこんなところにもあるのだ。

機動破壊　其の八十三
トリックプレーのコツは、２人の走者がいて、後ろの走者をどう使うか。後ろがおとりになる。後ろの走者にいかに目を行かせるかがポイント。

レギュラーは走れる選手を優先するのか

健大高崎というと走塁、盗塁のイメージが先行しているため、「足が遅いとレギュラーになれないのでは？」と思う人が多い。だが、実際はそうではない。

葛原コーチは言う。

「試合に勝つために、総合的に選手たちを見ますよね。チームのバランスもありますし。代表的なのは柴引ですよね。走れないですけど、それを凌駕《りょうが》するだけの打撃力がウチのチームの中ではあります。打てるんだったら、打てる選手を使いますよ。打てないから足を使える選手に育てるという感じですね」

この考えは全スタッフに共通している。青柳監督もこう続けた。

「柴引は走れないですよ、どう見ても（笑）。でも、足が遅くてもやっぱりスラッガーは欲しいですからね。だから、ああいう選手もいなくちゃならない。ただ、柴引はピッチャーにすごく意識を向けさせる選手なんですよ。塁に出たらけん制をもらうことに終始して、バッターに打たせてやることに関してはすごく貢献している。

役割は違うけど、みんな機動破壊に参加してるんですよ。要は、けん制をもらう係もいれば、走る係もいれば、いろんな係分担があるわけです。だから先発の9人でも役割分担があるし、ベンチ入りの18人でもあるし、あとは部員全体でもある。機動破壊という言葉をいただいたおかげで、チーム全体がすごくやりやすいんですよね」

ちなみに、甲子園4試合16盗塁で、センバツベスト4に進出した12年のチームのレギュラーの50メートル走のタイムは、以下のとおりだ。竹内司6秒1、秋山浩佑6秒4、長坂拳弥6秒8、内田遼汰6秒6、大澤攻行6秒9、小林良太郎6秒8、三木敬太6秒4、神戸和貴6秒5、中山奎太6秒3。決して俊足揃いではない。それでも〝足が速い〟と周りに思わせるのが、機動破壊の威力なのだ。

「足が速い選手だけ使うんじゃないんです。でも、相手はこっちのことを知らない。速いか遅いかわからないわけです。それでランナーがちょこちょこするんで速く感じる。このランナーは足が遅い選手だから走れない、とは思われてないんですよね。

塁に出たら自分のできる精一杯のことをやって、バッターが打ちやすい環境を作る。そういう選手になってもらいたいし、実際には盗塁できない選手が2、3人いてもいいと思ってます」

そして、青柳監督はこうつけ加えた。

「自由スチールやワン・ゴーのサインを出したときに、走らない選手。これが〝走れない選手〟ですよね。進塁する姿勢や気持ちがないのが〝走れない選手〟です」

走れない選手とは、走る意欲がない選手。走る姿勢を感じられない選手のこと。足が遅くても積極的な走塁はできるのだ。

機動破壊 其の八十四

塁に出たら自分のできる精一杯のことをやって、打者が打ちやすい環境を作る。けん制を多くもらうなど、足が遅くても機動破壊には参加できるのだ。

健大高崎　室内練習場
挑　戦
KENDAI

第7章

データ活用と打撃のポイント

投手のクセを見る3つのポイントとは

盗塁の思い切ったスタート、行く勇気を出させるために必要な読み。その読みを働かせるために有効なのがデータだ。対戦相手の試合や映像を見て、徹底的に分析し、データ用紙にまとめて選手に配るのが健大高崎のやり方。その分析を任されているのが、〝機動破壊〟の生みの親である葛原アドバイザーだ。青柳監督が絶対の信頼を置く存在で、試合前から展開を予想し、ズバリ何対何と点数まで当てることも珍しくない。

膨大な情報やデータを、どう試合に活かすのか。〝機動破壊〟につながる攻め方を中心に、葛原アドバイザーに語ってもらった。

「一にも二にもピッチャーなんですよね、研究するのは。ピッチャーだけで最低5時間は用意します。見るところはもちろんクセ。これは必死に見つけますね。ピッチャーというのは、ランナーがいてセットしたときに、けん制を投げようか、ホームへ投げようかだいたい決めてるんですよ。自分の中には7つのポイントがあるんですけど、選手たちには3つのポイントを教えて、ベンチで必死に見つけろと言ってます」

では、具体的に3つのポイントとはどこだろうか。

「まずひとつめは、ボールを持っていて、セットに入る前後にくるくるっと回したら変化球。そのままいったらストレート。それはすぐにわかりますよね。

次にふたつめは、セットに入るときにどう入るか。サインを見た後、グラブと手を合わせる時の手首の角度が、変化球ではボールをやや上向きの角度になります。他には、ボールの白く見える面積の違いで見分けることもできます。白い面積が多いときはカーブやスライダーで、ほとんど白い部分が見えないときはチェンジアップ。これもわかりやすいですよね。

最後の3つめは、投げる方の腕の位置ですね。これはビデオを撮って、ストレートと変化球の映像を並べて見ます」

健大高崎には投手の映像を並べたり、重ねたり、右投手を左投手に反転させたり、自由自在に映像を操れるソフトがある。これを活用して比べてみるのだ。

「重ねて見ると、明らかにグローブの位置が変わることがある。でも、一番違いが出るのは、投げる方の腕の位置なんですよ。変化球のときはひじの位置が下がる。それを絵にして見せます」

機動破壊　其の八十五

投手は、走者がいてセットしたときに、けん制を投げるかホームへ投げるかだいたい

決めている。セットの入り間際は、特に球種のクセが出やすい。

球種がわかれば盗塁できる

こういった細かいところは、選手が普段から意識していないと使えない。当日、「こういうクセがあるぞ」と伝えたところで対応できない。練習試合からの訓練が必要だ。

「新チームの練習試合なんかは、クイズみたいにして『クセがわかった人は言いに来い』と。『まだわかんないの？　わからなかったらベンチから出てろ』という感じでスタートします。とにかく、ピッチャーのクセを見る。球種さえわかれば走れますからね。変化球だとわかれば当然盗塁に有利になるし、変化球ならばけん制もなかなか来ないんですよ。プレートを外したけど、けん制を投げてこないピッチャーは、たいてい変化球の握りでボールを握ってますよ。それに、変化球だとわかっていれば、（ボールを）外されることもないからスクイズもできるんですよね、バッターと三塁ランナーのアイコンタクトだけで。だから球種がわかるということは、機動破壊の大きな比重ですね」

難しそうに感じるが、ポイントを教えて、試合を重ねていけば、ほとんどの選手はわかるようになってくる。

「勉強じゃない。数学や古文じゃなくて、好きな野球だから。野球やってる子はわかりますね。発信してるのはキャッチャー。キャッチャーのサインはだいたい決まってるので、球種がわからなくてもコースはわかる。一般的に、キャッチャーは球種のサインを出した後に、コースのサインを出すものです。

ひとつ例を挙げると、右バッターのアウトコースを要求するとき、キャッチャーは自分の右の太ももの内側を手のひらで触ります。その際、自然に右ひじは上がりますよね。自分でやってみると、すぐにわかります。インコースの場合は左の太ももの内側を触りますから、逆に右ひじは下がる感じになる。

つまり、右バッターにサインを出すときに、キャッチャーの右ひじが上がっていれば、外を要求していることがわかります。これが、2ストライクに追い込んでいる場合だと、そもそも右バッターの内角にスライダーとか変化球はまず投げない。抜けてデッドボールになると、もったいないですしね。決め球の変化球は外だから、ひじが開いてたらランナーは半分以上盗塁のチャンスがあると思っていいよと」

葛原アドバイザーは、一塁走者のことをレーダーと呼ぶ。出塁すれば、できるだけ多くの情報を得て持ち帰ってくることを課題にさせている。

「戻って来たときに『おみやげは?』といつも聞くんですよ。『おみやげがないのは許さないからな』と。あと伝えるのはタイム（秒数）ですね。セットして足が着くまで。

あるいは手から離れるまで。キャッチャーに届くまで。現代っ子というのは、とにかく数字には素直です。『お前、ダメだ』と言っても聞きません。数字を出して、こうだからダメだと言うと納得するんです。数字は説得力があるので、選手を納得させるには一番ですね」

機動破壊 其の八十六

捕手のサインはだいたい決まっているため、球種がわからなくてもコースはわかる。捕手の右ひじが上がればアウトコースで、逆ならインコース。

ルールと野球用語の徹底

これに加えて、選手たちに教えるのがルールや野球用語だ。

「ボークのルールとかですね。あと結構、用語にはうるさくてね。カバーとバックアップ、暴投と悪送球をごちゃまぜにするのは嫌なんですよ。『三塁手は一塁に暴投なんか投げない、悪送球だ』とか。用語とか言葉は結構こだわりを持って伝えますね。いちいち『カバーじゃない。バックアップ』とか、ジャッグルとファンブルの違いとか言ってると、『何だこいつ、細かいな』とか思われるんだけど、それを徹底していると、不思議と見る目とかプレーが細かくなってくるんですよ。

だから他にも、例えば、左ピッチャーがけん制したときも『(ボーク)くさい、くさい』と言うけど、何がくさいんだと。『自由な足が投手板の後縁を越えたから』とか、なるべくルールブックに載っている言葉を使いなさい。審判に『今のはくさいです』と言ってもダメ。抗議するにしても、しっかりとした言葉を使えと」

それともうひとつ、走塁をする上で絶対に知らなければいけないことがある。

「1年生が入ってきたときに、最初に聞くことがあるんですよ。『野球は同時はアウトかセーフか』って。半分間違えますから。『アウトです』って言いますもんね。ウチの野球はランナーになったとき、セイムタイム(same time = 同時)を目指してやっています。同時セーフの(ぎりぎりまで出る)リードを取っていないと走れないですよ。それをやるんだから、同時がアウトと思っている選手がいると困る。

ある練習試合で、こんなことがありました。アウェイで相手の控え選手が塁審をしていたのですが、ウチのランナーが1試合に5回も一塁で殺されました。後で塁審をしていた選手に『同時じゃなかったか?』と聞いたら、『同時です』と。同時アウトだと思い込んでいるから、何度ウチの選手がセイムタイムで帰塁しても、当然のようにアウトと判定するんですよ。

ウチはセイムタイム（同時セーフ）を目指して野球をやってるんだから、選手が間違って同時アウトだと覚えていたら成立しない。だから同時セーフについては、まず最初に教え込みます」

同時セーフ、つまりセイムタイムの帰塁を目指すぎりぎりのリードを取る野球と、見るポイント、数字、考え方や意識の徹底。これらを叩き込むことで、ようやく走る準備ができるのだ。

機動破壊 其の八十七

同時セーフ、つまりセイムタイムの帰塁を目指すぎりぎりのリードを取っていないと、高いレベルの走塁などできない。

セイバーメトリクスの活用

数字に関して、葛原アドバイザーが重要視しているのがセイバーメトリクスだ。映画『マネーボール』で有名になったアスレチックスのビリー・ビーンGM同様に、打率よりも出塁率をチーム作りの指標にしている。

「セイバーメトリクスは、相手チームの分析より、むしろ自分たちの選手に対する発見なんですよ。野球をやってる人は、選手を色眼鏡で見る。『こいつはいいバッティングフォームしてるから、絶対打てる』とか『この投げ方はいい』とか。でも、数字で見ると、『あんな不細工な選手がこんなにいいの?』とかいうのが出てくるんですよ」

これが如実に表れたのが、2014年夏の群馬県大会3回戦の前橋育英戦だった。健大高崎打線は、前年夏の甲子園優勝投手・高橋光成の前に6回まで無得点。0対2とリードされる。だが、7回裏に2死走者なしから、打者9人で一挙6点の猛攻。このイニングの攻撃が、まさにセイバーメトリクス通りだったのだ。

2死から中筋天馬が四球で出塁すると、9番の投手・高橋和輝がライト前ヒットでつないで一、二塁。1番の長島僚平も四球を選んで満塁とすると、2番・星野雄亮が押し出し死球でまず1点。脇本直人のライト前2点タイムリーで逆転すると、さらに柴引良介がセンターオーバーの2点三塁打、柘植世那のショートゴロエラーと続き、合計6点が入った。

「中筋は打率も2割台(練習試合などの通算。夏の群馬大会は8打数0安打の・000)。すべての面でレギュラーで最低なんですよ。ただ、三振をしないでフォアボールを取るBB/Kだけはチーム2位だった。長島は安打以外の出塁能力を表すIsoDがチーム1位。星野はBB/Kが1位で、デッドボールの数も2位より3倍ぐらい多いダントツの1位。あのとき、星野がデッドボールをもらうんじゃないかというのは、私を含めてベンチの部員も頭の中にあったと思います。そしたら、2球目にホントにもらってくれた」

実は、この打席の星野はたまたまぶつかって死球をもらったのではない。

「よく見ると、エサをまいてるんですよね。本来は小さな構えで打つ選手だけど、1球目は大きな構えで足を上げている。足をまっすぐ上げずにベースの上の方に上げて、踏み込んで外を狙おうというような姿勢を見せている。チェンジアップだったけど、ボールで見向きもせず。『これは外を狙ってるな』と相手に思わせておいて、次は中（内角）に来るという読みから、今度は足をそんなに上げないで、ぶつけられるのに備えてるような感じだった。明らかに1球目と2球目の足の上げ方が違う。

このデッドボールが脇本のヒットを生んでいます。光成は脇本の1打席目にぶつけている。前のバッターの星野にもぶつけたということで、中に行けなかったから外にスライダーを放った。あれは星野の力です」

まさに、セイバーメトリクスで予想したかのような流れで、健大高崎は難敵を破った。このときの打席について、星野はこう言っている。

「生方コーチに『脇本に何としても回せ。バッターボックスぎりぎりに立て』と言われたんです。だから、デッドボールをもらうために、初球は大きく足を上げました。2球目はホントはよけられたんですけど、『よし、来た』と思ったんで、よけるようにして当たりました」

目に見えない高等技術。まさに、奪い取った死球だった。

「中筋なんか打てないというけど、三振をしなくてフォアボールを取った育英戦のあの打席は、まさにデータ通り。レギュラーとしては不適切だけど、このデータはこちらがもっと大きくとらえてやらなきゃいけないのかもしれないですよね。

その中筋が2アウトランナーなしから出てくれて、フォアボール、フォアボール、デッドボール。私からすれば、あれはある意味一番楽しいことでもありました。それに、星野もこういう特長があるとまさにミーティングで私が言っていたので、この結果はアナリストとしての喜びでしたね」

機動破壊 其の八十八

セイバーメトリクスは、打率や安打数といった目立つ数字の裏に隠れた、意外なデータを浮き彫りにしてくれる。

ドラフト1位　前橋育英・高橋光成投手の攻略法

その前橋育英戦。相手は、前年夏の甲子園優勝投手であり、秋に西武ライオンズからドラフト1位で指名される高橋光成。この難攻不落の絶対的エースを、葛原アドバイザーはどのように分析したのか。前年夏の甲子園からバックネット裏に通いつめ、出した結論はこうだった。

「対策としては、打たない練習をしました。徹底的に打たない練習。攻略というと、みんな打ちのめすというイメージを持つけどそうじゃない。光成に関しては、はっきりいって打てないという結論が出たんですよ。自分の中では日本一のピッチャーでしたから、打てないことを前提にするしかない。ただ、打てない＝勝てないではないぞと。みんな『打てない』と言うと、気持ちが萎《な》えますから。

具体的には、とにかく打ちにいったらダメなんです。フォーク、スライダーは消えていきますから。正直言って、『ベルトの高さを狙え』なんて言ってたら甘いんですよ。その球は全部ワンバンしますからね。コーチに頼んだのは、とにかく高めを打たせてくれと。トスで投げて、打つのは頭より高い球。マシンでも、１４０キロのボールを高めにセットして打たせてくれと。

　その代わり、監督にもコーチにもお願いしたのは、高めのクソボールを打つのはＯＫだよということ。狙っていいのは高めだけなんだから、頭の上を振ったのもＯＫ。あともうひとつ、ベルトのあたりだと思って見逃した三振はＯＫだと。見逃しと見送りは違う。やっているのは見送りの三振だから、決して見逃しではない。わかってやっているんだからと。これほど打たない練習をしたというのは、私の野球人生でも初めてのことです」

　秋、春の県大会では、前橋育英がいずれも初戦敗退。対戦は実現しなかったが、夏の甲子園に行くためには前橋育英を倒さなければいけないことは明白。そのため、高橋光成対策にはかなりの時間を割いてきた。中でも徹底したのが、低めの球の見極め。打撃指導を担当する生方コーチの発案で、打撃練習をする際はケージの前にひもを張り、それより低い球は見送るという練習を積み重ねてきた。生方コーチは言う。

「あのひもは思いつきなんですけど、高校生のピッチャーは、だいたいが追い込んで縦の変化球というパターンじゃないですか。それを見逃すと、次の球もボールになりやすい。どうやって見逃そうかとなったときに、何か意識づけできないかなと。ブルペンに、ストライクゾーンのひもが張ってあるのがヒントになりました。

　それと、光成対策としては、ＯＢに頼んでマシンを載せる台を作ってもらい、高いところからボールが出て来るようにしました。マシンもうまくストライクが入るときと入らないときがあるので、球種ではなく高さで待つということを徹底してやったんです」

対高橋光成に限らず、甲子園でも上位に進出するチームとそうでないチームとの差は、低めのボールになる変化球に手を出してしまうか、止まるか。この練習をくり返したことで、低めの見極め、選球眼は格段に磨かれた。葛原アドバイザーは言う。

「試合が始まってから円陣を組んで、『低めは捨てろ』なんて言っても、そんな甘いもんじゃない。『あれほど言ってるのに、何で振るんだ』と言うけど、そんなのは無理。こっちも覚悟しておかないと。振らない三振が一番悪いというのはうそですから。ときと場合によるんですよ」

通常であれば、データ発表で配球の傾向も伝えるが、このときはあえて言わなかった。

「二兎を追ったら一兎も得ずですから。とにかく高さだけです。球種を狙って打つとか、そういうレベルのピッチャーではないですからね」

結果的に打った球種を見てみると、脇本、柴引ともに低めのボール気味のスライダー。狙っていた高めではなかったが、この低めの球を打てたのもあの練習があったからこそと葛原アドバイザーは言う。

「脇本はおそらく高く見えたと思います。柴引もおそらくベルトより上に見えてると思います。だから当たるんです。ベルトの高さだったら、絶対ショーバンします。間違いなくそうです。半年がかりでやったことですから。前年の8月の時点で、夏に甲子園に行くためには光成を攻略しないとダメ。そのためには……と青柳監督と生方コーチにお願いしたわけですから」

ちなみに、この試合の盗塁は脇本が3盗塁。決して俊足ではない山上貴之も1盗塁を決めている。高橋光成のクセはどうだったのだろうか。

「ないんです。直球も変化球も、全部球を回すんですよ。一塁けん制もうまい。顕著なクセは正直いってなかった。ただ、変化球のときに行くしかない。キャッチャーが低めの意識をしたときがあったので、そのときだけですね」

山上が走ったのは、2回裏2死一塁。カウント2—1から変化球を投げたときだった。

機動破壊 其の八十九

消えていくような変化球を持つ超高校級の投手に対しては、徹底的に「打たない攻略法」もある。打てない＝勝てないではないのだ。

アナリストとしての本分と醍醐味

日本一の投手を攻略するための準備――。

これが、その後にもつながった。群馬県大会はもちろん、球威、スピード、変化球のキレ、けん制の速さなど、高橋光成を上回る投手がいなかったからだ。どんな投手と当たっても、選手たちは「光成に比べれば……」と自信を持っていた。

甲子園の初戦で当たった岩国のエースは、140キロの速球とスライダーに自信を持つ柳川健大。山口県大会では39回で39三振を奪った好投手に対し、健大高崎打線はわずか2三振。打順がひと回りした3回からは三振ゼロだった。

「アナリストとして助かったのは、14年のチームは変化球が打てたこと。それは、光成の変化球が頭にあったから。柳川から打ったのもほとんどスライダーだと思います。光成のおかげで、高めのスライダーを打つという能力が備わっていた。それが攻撃の大きな武器でしたね」

柳川の配球は7割がスライダー。センバツでは初戦の神村学園戦で129球中93球も変化球を投じている。

「スライダーは間違いなく来るから、徹底して高めのスライダーを狙えでした。それと、投げる前に外野手が動くんです。変化球のときはセンターが左斜め前に出る。だから比較的狙いやすかった。球種に合わせてそういう動きをきちっとやるチームは、逆に墓穴を掘ることが多いんですよね」

岩国のファースト・二十八智大は、走者が一塁にいてもあえてベースから離れ、そこから入るしぐさをするフェイントを見せていたが、それもセンバツの試合を観て織り込み済みだった。

「一塁にランナーで出ても、二塁ランナーをやってるつもりでいろと。セカンドではフェイントに対していちいち戻らないでしょ。あとは、キャッチャーが半円を描くように手を回して地面をポンとやったら、けん制に入るのがわかってましたから」

攻撃面を見れば、アドバイザーとしては会心の勝利だったといえる。だが、葛原アドバイザーは守備面で悔いを残した。

「1番の左バッター（川本拓歩）に対して、前日ミーティングでは左半分で守れと言ったんですよね。それが左中間をふたつ割られて2失点に絡んでる。アナリストとして悔しいですね。『左』と言ったことで、センターの平山は左に寄っちゃったのかなと。それしか考えられない。まさにあそこに打ってくるタイプだったから。痛恨の極みですね。きちっと『レフト側、左中間』と言うべきだった。今さらながら反省です。アナリスト失格ですね、あれは。

私の仕事はね、例えば同じシングルヒットでもセンター前に抜けていくのはいいんですよ。クセのないスイングだから、しょうがないとあきらめられる。ただ、流す傾向のあるバッターや引っ張るタイプのバッターの打球が、一、二塁間や三遊間を抜けていくのは敗北感が出る。すごく嫌なんです」

この場合は左中間だったが、間を抜かれたのは同じこと。後ろに誰もいない外野手だからこそ、アナリストとしての腕が試されるという思いがある。13年夏の群馬県大会準々決勝では、前橋工のスラッガー・原澤健人に対し、大胆なシフトを取った。

「外野を4人で守らせたんです。みんなフェンスに張りついてました。セカンドが右中間。打った瞬間、右中間まっぷたつかというのをいともたやすく捕りましたね。2本捕りました。あのときは『歩かせよう』という話があったんですけど、100パーセント一塁に行かれるくらいなら、空いたセカンドを狙って打ってもらってシングルヒットも、フォアボールもいっしょじゃないかと。

その代わり、ピッチャーは相手に読まれてもいいから、徹底してアウトロー攻め。データではセンター前、レフト前の二塁打も出てくるから、シングルヒットの打球は、打った瞬間に外野は猛然とダッシュ。トンネルするかもしれないから、他の外野手はその後ろにくっついて走ってこいと」

絶対的な自信があるからこそできる大胆なシフト。これぞ、アナリストの見せ場であり、醍醐味《だいごみ》だ。

「バットの出方とウチのピッチャーとの兼ね合いで、方向はだいたい見えますよ。大物、クジラを相手にするとワクワクしますね」

機動破壊　其の九十

蓄積された膨大なデータと豊富な体験から絶対的な自信が生まれ、相手のデータや傾向、クセなどを徹底的に分析する孤独な作業から、確信が生まれる。

勇気を持って、文章として形に残す

岩国戦の外野の例でわかるように、分析した結果をどう選手に伝えるか。これが大事だ。どんなに素晴らしい分析をしても、きちんと伝わらなければ選手は動けない。試合前日までに分析結果をプリントした資料を渡すが、そこで心がけていることは何なのだろうか。

「アナリストとして、言い切りで書くようにしています。例えば、選手たちにA４用紙

10枚渡したって、そんなのは覚えられっこない。それをいかに二言、三言で伝えるかじゃないですか。『～だと思う』というのはダメなんですよ。『絶対こうだ』と言ってやらないと。

実は、文章に残すって勇気がいるんです。『全然違うじゃねぇか』ってことになるから。でも、そこで私が怖がってちゃダメだと思う。口だけでミーティングするなら、ごまかせるじゃないですか。それは自分との戦い。ここまで言い切って責任取れるのかと思いながら、頑張って文字に残す。

あと、なるべく小説調で書くようにしてます。人間って、箇条書きだと頭に残らないんですよね。下手な文章だけど、そういう工夫をしてるんですよ」

静まり返った深夜のホテルの一室で、自らが叩くキーボードの音だけを聞きながら、夜明けを告げるすずめの声を聞く。睡魔との戦い。体力的にもしんどい。

「だけどね、自分が頭の中にイメージしたり、出てきたものは、やっぱり形として出さないと……という使命感があるんです」

チームを勝たせたい。この強い思いが葛原アドバイザーを動かしている。

機動破壊　其の九十一

チームを勝たせたい、自分の頭に浮かんだものを形にして提供したいという使命感か

ら、勇気を持って文章に残し、断定した表現で選手たちを導く。

打撃があってこその走塁

「打線は水物」とよくいわれる。どんなに強力な打線でも、好投手に当たれば計算できない。打てそうに見える投手にハマってしまうこともある。反対に「足にスランプはない」ともいわれる。打つことに不調はあっても、走ることに不調はないという印象があるからだろう。健大高崎も、走塁をメインの野球に転換するきっかけは、10年夏の前橋工戦。強打といわれていた健大打線が4安打完封されたことだった。葛原コーチは言う。

「最初は、打てないから走塁をやり始めたのは確かです。ただ、やっていけばいくほど、走塁をやりたかったら打てなきゃダメだと思うように変わってきました」

公立高校などで、走塁に力を入れているチームはある。素晴らしい走塁をするチームもある。だが、試合には勝てない。なぜか？　それは打てないために、その走塁を披露する機会がないからだ。

「ランナーが出ないんです。やっぱり、ノーアウト一塁、最悪1アウトまでに出ないとダメだし、ランナー一塁でまったく打てないと、外のまっすぐのみでやりくりされるんですよ。ピッチャーが楽なんです。打線がないと思われてるので、ピッチャーに上から目線でこられる。クイックで自信を持ってアウトローにドンと放られると、打てない打線は振ってもファウルになるし、苦しまぎれに走りに行くと、外のまっすぐはキャッチャーが投げやすいからアウトになるんです」

これでは、いくら走塁を練習しても無駄になってしまう。もうひとつ、打てないことのデメリットはこんなところにも表れる。

「B戦をやっていてすごく思うのは、相手の外野の守備位置がすごく浅いんですよ。それだと走塁練習が何の役にも立たない。一塁ランナーがしっかりハーフウェーを取っていても、外野が前すぎて落ちたらセカンドでアウト、捕られたらファーストに戻れないという位置にライトがいたりするので。やっぱり、最低外野を定位置まで下がらせないと走塁ができないんですよね。

県大会の初戦で当たるようなチームは、（バットを）振れるチームと当たってないから、とんでもなく浅いところに守ってるんです。いくらランナー二塁からホームインする練習をしていたとしても不可能。絶対に還ってこれない位置に守っていて、相手のシートノックでタイムを計ったら6秒を切ってくることもありますから。こっちは6・7秒を切るぞという練習をしてるのに、何の役にも立たないんです。

甲子園は浜風があるから、レフトもちゃんと下がってくれたりというのがあるんですけど、県大会のときから最低でも定位置までは下がらせないとダメだし、強打のバッターなら定位置より深めに守ってもらいたいですよね」

どのチームも、打てる打者が揃わないのが悩みだ。特に、走塁で活路を見出そうというチームならなおさらだ。その場合はどうしたらいいのか。最低限、打者に求めるものは何だろうか。

「バッターがしっかり振らないと、変化球を投げてくれないです。まっすぐだけでやりくりされます。そのまっすぐをファウルとかにしてると、永久にまっすぐを放ってくるので、走るチャンスがない。外のストレートをしっかりパコーンと逆方向に打てることが前提になります。そうしないとなかなか走塁はできないですね」

どんなに打力がなくても、最低限、外のストレートだけはしっかりと打ち返せるように練習しなければいけない。130キロ台後半のストレートに力負けしないスイングを身につけ、外の球は打てるように。これができなければ、いくら走塁練習をしても宝の持ち腐れだ。ちなみに、変化球は打てなくても仕方がない。その代わり、見送れるように訓練する。それが、前橋育英・高橋光成対策で取り入れたケージにひもを張っての打撃練習だ。

「低めのボールを振らないのは絶対ですね。変化球はワンバンなら振らなければ盗塁成立ですから。追い込まれたら（打つ）ポイントを身体の近くにできるか。これも大事だと思います」

高校生の配球は、ほとんどが外角球。内角に投げ続ける投手も、ストレートを投げ続ける投手もいない。外の変化球も、ワンバウンドさせずに空振りを取れる球を投げ続けられる投手はいない。

走塁に特化するなら、走塁練習に時間を割かなければいけない。必然的に打撃練習は少なくなるが、やるべきことを明確にすれば補える可能性がある。練習時間が豊富な一部の学校でなければ、あれもこれもやる時間はない。個性を活かすためには、思い切って何かを捨てなければ勝負はできないのだ。

機動破壊　其の九十二

いくら走塁練習をしても、打てなければ意味がない。塁に出なければ走塁を披露する機会がないし、外野守備が浅いと走者二塁から本塁も狙えないからだ。

打撃における注意点

健大高崎で、打撃指導を任されているのが生方啓介コーチ。沼田時代には3年夏に群馬県大会準優勝。東北福祉大では学生コーチを務め、05年に健大高崎に赴任した。走塁を活かすために取り組んでいることはどんなことだろうか。

「1年生の段階で、選手たちがどこまで意識して取り組んでいるかはわからないですけど、高校生のレベルになると、外のまっすぐが多くなるのは感覚としてわかると思うんですよ。なので、高めとアウトコースのまっすぐはしっかり打てるようにする。まっすぐに振り負けないようにしていくというか、打ち負けないようにしていくことをまず最初にやります」

速球に振り負けないために重視するのがスイングだ。振る力をつけるためのスイングサーキットというメニューがある（写真P319〜322）。しっかりとバットを振れるように身体を鍛えて、あとは素振りと、真横からや後ろからなど、いろいろな形のティー打撃をしながらフォームを固めていく。

「正しいフォームを理解して、ちゃんとパフォーマンスとして表せるスイングであれば、振れる時間があるなら一本でも多く振ってほしいです。社会人でも、1日に1000は振る。高校生は圧倒的に素振りの数が少ないです」

悪いフォームで振れば、悪いクセがついてしまう。それを避けるために、選手たちには自身のスイングの動画を撮るように指示している。それを生方コーチがチェックして修正していく。ポイントはしっかりと軸を作って、身体が突っ込まないこと。まずはここがクリアできないと、走塁を活かす打撃につなげることは難しい。

「絶対的なベースとして、ある程度の打つ力がないと、走塁を活かすことはできないと思います。打つ力がないと、追い込まれていないのに、2ストライクに追い込まれたときみたいなバッティングしかできない。初球からコツン（と当てにいく）みたいなのもありますよね。それを自己犠牲だと勘違いしてしまうことが結構あるんですよ。

だから、環境がどうあれ、冬場はできる限り体を作って振る力をつける。そうしないと、走塁にはなかなか絡められないと思います。きれいごとを言って、『頭を使って野球をやれ』ということは言えるだろうけど、実際にスイングが強いか弱いかは、すぐに相手にわかりますから」

まずは最低限の振る力が必要。これを前提とした上で、フリー打撃など、前から来るボールを打つ打撃練習で、外角のストレートを意識して練習する。

「全員右打ちとか、あるいはホームベースを2枚置いて、その間にボールが行くようにマシンをセットして打つ練習とかをやりますね。ベースを2枚置いた真ん中に通せば、右バッターでも左バッターでもアウトコースになるので」

それに加えて徹底しているのが、高橋光成対策のところで紹介した高低の見極めだ。打撃ケージ3か所でフリー打撃をやれば、すべてのケージにひもを張る。この練習は、甲子園に行っても、国体に行っても続けた。「球種ではなく、高さで待つ」。常にこの意

生方啓介コーチ

識を忘れないようにしている。

「打球判断の練習では、初めは葛原コーチが打ってたんですけど、面白いようにヒットが出るんです。ところが、選手たちは打てない。それは何でなんだという話になって。私はいつもネット裏にある本部の上から全体を見ながら、バッターを見ているんですけど、バッターが何も考えていないんですよ。

葛原コーチの場合は、狙って打っているんです。狙って、ランナーが次にどうなるかまで考えて打っているんです。それをしようと思ったら、打つゾーンは自然と高くなる。高いボールの方が、しっかりヒットになりますからね。それで、やっぱり低めは打ちづらいということになった。これは、ウチの機動破壊をしていく上で重要なポイントになってくると思ったので、ひもを張って高さで待つという練習を徹底してやるようになったんです」

その成果は、これまで説明してきた通りだ。高低の見極めができてくると、低めのボール球に手を出さなくなるため、空振りも少なくなってくる。追い込まれても、空振りせずバットに当てさえしてくれれば、走塁でカバーできることもある。

「空振りは可能性がゼロになる。最悪なのが三振。三振の場合は、何も展開できなくなりますからね。打てるボールに関しては、しっかり当てなければいけない。追い込まれても『何とかしろ』というのは徹底されているので、2ストライクになればノーステップにする選手やバスターにする選手もいます。例えば、ノーアウト二塁でショートゴロだったとしても、何らかの可能性は出てきますからね。ただ、追い込まれるまでは、しっかりヒットを狙って打席に入らないとダメです。だから、ノーアウト二塁で『右方向にセカンドゴロを打てばいいんだ』みたいな考え方は嫌いですね。

まずはヒットを狙ってゲームを展開させる。ウチはワンヒットでふたつの塁を進むという考え方なので、ふたつランナーを進めるためにはどうすればいいんですかということ。まずヒットを打つためにはどうするかという観点でバッターボックスに立ち、それでダメでした、追い込まれました、カウントは不利ですといったときに、そこで初めて自己犠牲的なプレーが出て来るのかなと思います。バッティングに関しては、そういう考え方の順番を間違えないように常に選手に言っています」

その上で、走塁を活かす打撃をする。これが理想だ。

「そのためには、ある程度セオリーを知っていないといけない。配球のセオリーだとか、このカウントだと打率がいいとか、ピッチャーのクセだとか、ひじの動きだとか、どうしたら球種がわかるかというあたりを葛原先生（アドバイザー）に指導してもらうんですけど、バッターも頭がよくならなければいけないし、野球を知らなければいけないということは、本当に口を酸っぱくして言っています」

機動破壊 其の九十三

高めとアウトコースのまっすぐはしっかり打てるようにする。高低の見極めを訓練し、空振り三振をしないようにする。

スイングサーキット①
腰切り

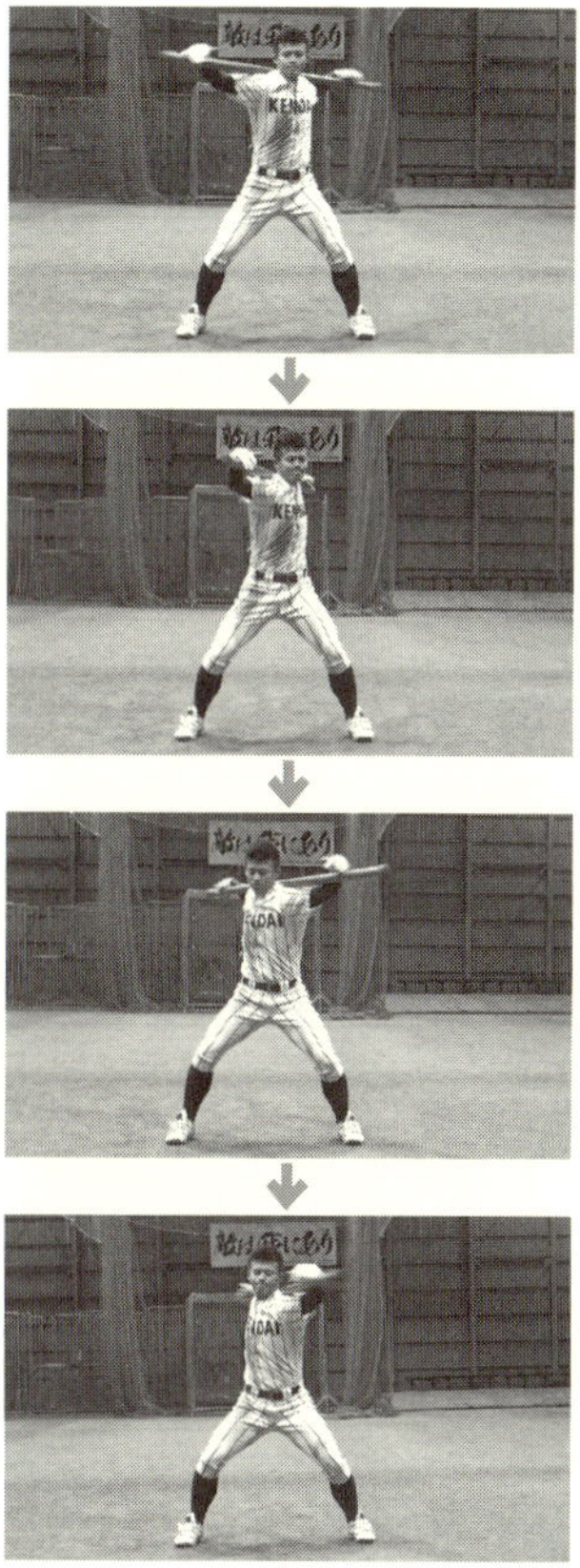

鉄の棒（約10キロ）を肩に乗せて上半身を右に左にひねる。ひねり1回を1セットとして計20セット行う。

スイングサーキット②
内旋を意識した腰切り

鉄の棒を肩に乗せたまま、メディシングボール（5キロ）を内腿で挟み、内旋を意識して上半身を左右にひねる。計20セット。

スイングサーキット③
片足スクワットジャンプ

鉄の棒を肩に乗せたまま、タイヤの中に片足で立ち、ジャンプしてスクワット。左右の足で交互に計20セット。

スイングサーキット④
アームカール

直立でダンベル（15キロ程度）を両手で持ち、ひじが前後にぶれないよう位置を固定したまま、ゆっくりひじの曲げ伸ばしを行う。計20セット。

スイングサーキット⑦
内旋を意識した素振り

バランスボールをひざと内腿で挟み、内旋を意識した素振りを30回行う。ウエイトリング（おもり）をつけたバットの重量は約1.7キロ。

スイングサーキット⑤
リストカール

中腰でダンベルを両手で持ち（手のひら上向き）、手首の位置を固定したまま、手首の曲げ伸ばしを行う。計20セット。

スイングサーキット⑥
リバースリストカール

中腰で鉄の棒を両手で持ち（手のひら下向き）、手首の位置を固定したまま、手首の曲げ伸ばしを行う。計20セット。

スイングサーキット⑧
マスコットバットでの素振り

1キロ程度のマスコットバット（素振り用バット）で素振り30回。通常のバットでも30回の素振りを行う。

終章

指揮官の心得と、機動破壊の将来

機動破壊への道

葛原アドバイザー、葛原コーチ、生方コーチに加え、岡部雄一コーチ、沼田雄輝コーチ、竹部董トレーナー、塚原健太郎トレーナーら多くのスタッフを束《たば》ね、機動破壊を可能にしているのが、青柳博文監督だ。現役時代は前橋商の4番として1990年のセンバツに出場し、東北福祉大では和田一浩（現中日ドラゴンズ）と同期。社会人の軟式野球チームを経て2002年に健大高崎に赴任した。

女子校から共学になった01年に同好会としてスタートした野球部が、本格的に活動を開始したのが02年。部員15人からスタートしたが、部員2人になる危機を乗り越えるなど紆余曲折を経て、指導してきた。短期間で力をつけ、06年秋は群馬県大会で準優勝したが、関東大会では千葉経大付に1対11の5回コールドで大敗。08年秋は県ベスト4（●1対2高崎商）、07年夏（●2対4高崎商）、09年夏（●3対10樹徳）、09年秋（●6対13桐生市商）も県ベスト8止まりと甲子園には届かない。壁の高さを痛感させられたのが、あの10年夏の前橋工戦の0対1での敗戦だった。

「ベスト8まではいくんですよ。それで、ベスト8とかベスト4になると一気に大敗する。やっぱりすべて自分の力不足でね。緻密さもないし、データ収集力もなかったし。選手に任せすぎたっていうのもあるし、選手に任せきれなかったっていうのもあるし、選手に自分の我《が》を押しつけたってところもあるし。だから、すべて私の力不足ですね」

この敗戦を機に、野球スタイルを180度転換。それは同時に、青柳監督自身のスタイルを大きく変えることでもあった。

「自分自身いろいろ勉強して、いろんなチームと試合して、私が変わった。選手を使うのは監督。監督が変わらなきゃ違うチームにならないんですから。今までのスタイルでは無理だと、ある程度の限界を感じていたので、葛原コーチの助言を聞いて、そういうふうに成長したという感じです。監督が聞く耳を持たないで帝王みたいになってると、チームは変わらないじゃないですか」

周りの意見を受け入れ、葛原コーチがBチームでやっていた機動力野球をAチームに採用した。普通はBチームがAチームに合わせるものだ。AチームがBチームに合わせて野球を変えるなど、聞いたことがない。

「最初の頃は、ノーサインで打っていくような野球が理想でした。だけど、そういう野球をしていたら、100パーセント、100年たっても勝てないと思ったんですね。葛原コーチはBチームで、走塁の練習をすごく意識してやっていた。それでずっと勝っていたんで、こういう野球の方が確率は高いなと。それに、BチームからA引き上げてAチームに入ったら、野球が変わるんじゃ選手たちがかわいそうですよね」

指揮官の柔軟性

就任当時はスタッフもいなかったため、すべて1人で指導してきた青柳監督。若かったこともあり、「オレについて来い」とチームを引っ張っていった。高校で甲子園を経験し、大学でも名門でプレーしていたことで、「1人でできる」という自信もあった。勝てる野球というよりも、理想の野球を追いかけていた。

「1人でできると思ってました。自分しかいないし。だけど、何年かやってるうちに、限界があるってことを感じましたね。1人では無理だと肌で感じたんです。逆に選手がかわいそうだなと。監督が全部1人で、オレがオレがというんじゃダメだなと。

みんなでやって、みんなで支え合う。もちろん、ただコーチを集めてもダメだと思うんですよ。優秀なコーチ、ブレーンがいないとダメ。また、そうするためには学校の野球に対する強い気持ちっていうのも大切になってきますから。そのへんが、すべて揃わないとできないと思います」

青柳監督は、スタッフを〝ブレーン〟と呼ぶ。チームの頭脳として、それぞれの得意分野で能力を発揮してもらう。そのために、信頼して任せるようにした。口出しをせず、スタッフにチームを預ける。それができるようになって、チームは大きく変わった。

「本当にウチはブレーンに恵まれてます。試合中もコーチがベンチでささやいてくれますから。私はサイン（を出すこと）に集中してます。守りのときはピッチャーを代えるけど、コーチがポジショニングとかを細かく見て指示してくれるんで楽なんですよ。1人では何もできないなって感じがしますよね。

野球は監督1人でやるもんじゃない。プロだってコーチがいるし、監督1人の目で見るっていうのはミスも起きるし、負担も大きくなりますよね。他の学校では、野球を知らない部長がベンチに入ることもあります。でも、それだと選手に細かい指示ができないですよね。

不如人和（孟子の「地利不如人和＝地の利は人の和にしかず」から取った。「団結力はすべてに勝る」という意味）という言葉をチームスローガンにしてるんですけど、団結力なんですよ。それぞれの人たちが絡んでできた機動破壊だし、絡まないとできない機動破壊なんです」

青柳監督はさらりと言うが、簡単なことではない。やはり監督は「オレが監督だ」と自分を大きく見せたいもの。勝てば「オレのおかげだ」と言いたくなるのが普通だ。「コーチのおかげだ」と部下に手柄を譲るのは、なかなかできることではない。1人で指導していた頃にはまずなかった意識。これだけ自分を変えることは並大抵のことではない。なぜ、ここまで大胆に変えることができたのか。

「群馬県は、バントで送るのが主流なんですよ。2アウトにしても送るというのをファンは『手堅い』と言って喜ぶんです。それをやらないと、もうダメな監督って言われる感じなんですよ。だから私もかなり言われました。『野球が粗い。もっと細かくないと』って。緻密じゃないって言うんですよ。バントをするのが緻密だって。

群馬県っていうのは、すごい保守的なんですね。だから、自分がかなり批判を浴びた頃は、周囲の声をやっぱり気にしてたんです。気にしないようにしてたんだけど、耳に入ってくる。バントしないとダメなのかなっていう雰囲気が、すごくあったんですね。だけど、周囲の声を気にした野球をして負け続けてきたんで、もういいやと思って吹っ切れたんです。やっぱりね、指揮官っていうのは批判を浴びて指揮官。総理大臣だって支持率は半分いけばすごいじゃないですか。だから、100人いれば50人は敵だなと思って。そういうふうに考え方を切り替えるようになってきてね、もうどうでもいいやみたいな感じになって変わったんです（笑）」

開き直れると強い。迷いがないから、思い切った采配ができる。監督が迷わないから、選手も迷わずにチャレンジできる。吹っ切れた今、青柳監督はむしろ積極的に批判的な意見を聞くようにしている。周囲の人からアドバイスを受けるのはもちろんだが、なんとインターネットの掲示板まで見るのだ。ボロクソに言われ、具合を悪くしてしまう人もいるほど何でもありの匿名掲示板。避けるのが普通だが、あえて覗くようにしているのはなぜなのか。

「自分は、ああいうのを見るのが好きなんですよ。頭にはくるけど、実際、うそでもないんですね（笑）。だから、謙虚に受け止めないといけないなと思うんです。でも、見てるとたまにいい意見があるんです。それを鵜呑《うの》みにするとかじゃないですけど、こういうふうな意見もあるなと。

オーダーなんかも、『こうやって組め』みたいな。これ書いてる人は本当に暇だなと思いながら、そのオーダーでやってみようってこともあります（笑）。次の日の書き込みを見ると、『教えた通りやってる』って書いてありましたよ（笑）」

半分面白がりながら、違う意見を取り入れてみる。それが、他の監督にはなかなかできないところだ。

「みんな批判されると嫌だって言うんだけど、やっぱり批判されないとダメなのかなと最近思えてきました。監督やってると、あんまり面と向かって言ってくれる人がいないんですよ。そうすると監督は裸の王様になるから、批判を言ってくれるのも大事。いろんなことを勉強しないといけないですよね、指導者っていうのは。自分が一番いいと思ったらダメ。必ず監督が正しいと思ってそれをやっちゃうと、間違いが起きるじゃないですか。だからそれを誰かが常に注意してあげないと。インターネットなんかも裸の王様になることをわからせてくれるんですよ（笑）」

匿名の人物の批判にもドンと構えていられる。だから、機動破壊はびくともしない。何を言われようとも、自分たちの信じた道を突き進むことには変わりがないからだ。その上で、いいものは取り入れていく。ベースを揺るがさず、変化させていく。

敗戦からの気づき

自分を変え、野球を変えて創部10年目で甲子園にたどりついた。そして、甲子園でのふたつの敗戦もまた健大高崎を変えるきっかけになった。大きな気づきを与えてくれたからだ。

最初の敗戦は11年夏の2回戦・横浜戦。0対5から6回表に一挙5点を奪って追いつき、延長10回の末にサヨナラで敗れるという試合だった。

「負けて一番感じたことは、渡辺（元智）監督の采配が何してくるかわからないというか、こっちから見ていてすごく嫌な感じがあったんですね。それで、こういう采配は、相手にかなりプレッシャーを与えるなっていうのを、非常に強く感じたんですよ。そこから、自分もこういう野球を目指すって決めたんです。相手が何するかわからないというのは、やっぱり嫌ですよね。群馬県は必ずわかりますからね、次はもうバントくるって。だから自分の中で、あの負けはいい勉強になりましたね」

この試合、横浜は3回無死一塁、3番の近藤健介（現北海道日本ハムファイターズ）の場面で初球エンドラン。その後、無死一、二塁で投手が左の三木敬太に代わると、ダブルスチールを仕掛けてきた。4回には、1死二塁で1番の乙坂智（現横浜ＤｅＮＡベイスターズ）が、カウント3—0から打ってライト前にタイムリーを放っている。

「あれは多分、乙坂君が勝手に打ったと思うんですけどね。あれ以来、ウチもランナーがいるときはノースリーでも打っていいよと」

そして、何よりも大きかったのが盗塁ゼロに終わったこと。クイックやフィールディングの巧みな横浜の右腕・柳裕也から、仕掛けやすい左腕の相馬和磨に代わった後も、エンドランこそあるが、盗塁は試みる機会すらなかった。

「いくら強肩の近藤君といえ、やっぱりワン・ゴーとかはありますから。あるいは三盗とかね。やろうと思えば、いろんな形はあったと思います。あの頃は、ウチも横浜とかの名門・強豪といわれるチームと、練習試合をやったことがなかったんですよ。やっぱりそういう経験も大事だなと思いましたね。1回やっておけば、相手の神秘性とかそういうのも薄れると思うんですよ。

だから、それからは結構強いチームと練習試合をやらせてもらうように切り替えました。甲子園に行くまでは、あんまりそういうチームはやってくれなかったですから。ただ、練習試合はいろんなタイプのチームとやりたいですね。公立なら公立の強いところ。あとは、強いチームばかりだとダメなんですよね。軟投派のピッチャーにハマっちゃって打てない、なんてこともありますから」

横浜戦では、サヨナラの場面でも悔いを残した。10回裏2死一、二塁で2番打者。一打サヨナラのピンチでレフト前ヒットでホームインを許した。

「守備位置も、もうちょっと指示を出しておけばよかったなと。最後の決勝点。あれは、レフトを5メートル前に出しておけば、ホームで刺せたかもしれないですよね」

この敗戦が活きたのが翌12年のセンバツ。初戦の天理戦で、初回に先頭の竹内司が出ると、2番・中山奎太のときにいきなり二盗に成功。2回にも先頭打者で安打を放った内田遼汰が、無死から二盗に成功している。

「機動破壊という言葉を出しちゃった以上は、やっぱり何かしないと恥をかくなと思ったんですよ。これはもう無理してでも走ろうと（笑）。内田は足はあんまり速くないんですけどね」

これで勢いづいた健大高崎は、この試合で7盗塁。スクイズを除けば、送りバントは9番で投手の三木が、7回表無死二塁から決めたひとつだけだった。

「相手が天理高校なのがよかったですね。秋の近畿大会で大阪桐蔭を破って準優勝してたんです。群馬県の人とか周りから見ると、天理というチームはすごく強いイメージを持ってたわけですよ。そこに勝ったのは運がよかったですね。あれが違うチームだったら、また状況は違ったと思うんですけど」

2回戦の神村学園戦でも、1回表に意表を突く作戦を見せている。無死一塁から2番の中山が、バントの構えから強打に出るバスターエンドラン。本来ならショートゴロの打球だったが、ショートはベースカバーに入ったためレフト前ヒットになった。これでチャンスを広げ、この回2点。先制攻撃で主導権を奪った。

「バスター戦法も好きなんです。やっぱりバントの構えだと、ピッチャーはバントと決めつけて、結構スーッと球を投げるんですよ。球が遅くなるので、一番打ちやすい。だから、その球を狙って打つんです。やっぱりいろいろ組み合わせないと、なかなか走るだけじゃ点は取れないですからね。だからバスターとかエンドランとか、そのへんも組み合わせながら試合を作っていかないと。相手から見て、何をするかわからないということを常に頭に置いて、これをしたら周りがびっくりするだろうな、とか考えながら試合をやってるんですよ（笑）」

これこそ、横浜戦の効果。〝機動破壊〟のキャッチフレーズと、名門・天理からの7盗塁。さらに神村戦のバスターエンドランと、自由自在の攻撃。この野球でベスト4まで駆け上がったことが世間にインパクトを与え、健大高崎＝走塁のイメージが定着した。

「アナウンサーがすごくウチのことを褒めてくれたんですよ。機動力、機動力って。それも非常によかったですね。暴走みたいな感じで走ったことが、周りから見るとすごくいい走塁に見えたみたいで。機動破壊という言葉によって過剰に意識してくれるのは本当にいいですね」

指揮官の覚悟

そして、ふたつめの敗戦は、12年センバツ準決勝の大阪桐蔭戦。藤浪晋太郎（現阪神タイガース）─森友哉（現埼玉西武ライオンズ）のドラフト1位バッテリーを擁《よう》して、その年春夏連覇するチームに1対3で敗れた試合だった。

打線は藤浪から7安打4四球と健闘したが、得点は竹内の本塁打による1点だけ。2回に神戸和貴がローボールスタートを試みるも二塁で刺された後は、バスター、エンドランも含め、足を使った攻撃ができなかった。

「神戸のときにキャッチャーの肩を見せられちゃったんで、自分も萎縮したっていうか無理だなと思っちゃったんですね、固定観念の中で。どうせ負けるんだったら、あそこでまだまだ攻め続ければよかったなと思います。

やっぱり、1個のプレーで自分自身のスタイルを変えちゃダメですね。1個の失敗くらいでは妥協しないで前に前に行くっていう、一種の開き直りもありますよね。大阪桐蔭が相手では、どっちにしろ開き直らなかったら無理ですから。監督も開き直っていくことが大事だなと感じました」

そして、この試合でもうひとつ青柳監督が気になったのが選球眼だった。5回の三者連続三振を含む9三振。初回には中山が150キロの高めのボール球を空振り、2回には大澤攻行がワンバウンドのスライダーを空振りするなど、かなりボール球に手を出してしまっていた。

「ワンバンを一切振らなかったら、もっとフォアボールも生まれたし、ヒットも打てたと思うんですよ。バッティングの絞り球の指示なんかも甘かったなと思って、今は反省しています。あの頃は空振りが多かったので、今のウチの野球では、空振りしないことを強く言ってるんですよ。三振だけはするなと。追い込まれたら、バッティングを変えてもいいから、どんなことをしても当てろと言ってます。特に三塁にランナーがいる場合は、バットにかすりさえすれば点が入るわけですから。それは、ウチの中では特に重視しているところです」

このふたつの反省が活きたのが、14年夏の群馬県大会3回戦・前橋育英戦だった。前年夏の甲子園優勝投手・高橋光成に、6回まで無得点。0対2で迎えた7回裏に一挙6点を挙げて逆転で勝った試合だ。対策通りの徹底した低めの見極めでボールを振らなかった。さらに、脇本直人は4回裏にけん制でアウトになりながら、ひるまずに合計3盗塁を決めた。

「2年生でしたけど、相手キャッチャーも悪くはなかった。それでも走れたことが、勝った原因ですね。それに、脇本がけん制死しても、ベンチは意気消沈しなかった。自分も最近は、結構負けを覚悟して野球をやってるんですよ。このときも、『絶対に勝つ』と思ってやってはいないんです。負けることもあるなって感じで割り切れている。

学校は、野球部の強化に力を入れてくれているし、昔はどうしても勝たなくちゃならないという意識が強すぎたんですよ。ウチの場合は負けたらクビとか、そこまではないんですけど、それでも周りは『こんだけお金をかけてやってんだから、勝たなきゃクビになるぞ』みたいなことを言うわけです（笑）。

それで『負けたらまずい』と思いながらやってたんですけど、やっぱり1回甲子園に出させてもらうと、そのストレスが消えるんですよ、本当に。1回行くとすごく気持ちが楽になるんですね、不思議と。だからどこの監督も、1回だけでもいいから県を勝って甲子園に出るとね、みんな変わると思うんですよ。

特に私立の監督なんかは、すごくそのプレッシャーと戦っていると思います。負けも覚悟して腹をくくるんではなく、『負けたらまずい』という采配をしてると思うんですよ。『ここで攻めてアウトになったら、責められるんじゃないか』と常に思いながらやってる。でも、自分はそれが今はないんですよ。やりたいようにやって負けて、『監督辞めろ』と言われたら辞めてもいいくらいに思ってやってるんです（笑）」

苦い思いを何度も味わいながら、その経験を活かしてきた青柳監督。ある程度は満足できるレベルに達したように見える機動破壊だが、まだ物足りない部分があるという。それはどのあたりなのだろうか。

「まっすぐのときに走って、たまたまセーフになるっていうのがまだまだ結構多いんですよ。奥深く見ている人には、偶然セーフになっただけというケースが多い。自分なんかも、『あ、もうかったな』と思うセーフが結構多いんです。だから、選手に変化球カウントをある程度予想して走れるような細かな勉強、頭の勉強をさせるのが大事ですね。そうすることで、確実性を高めていきたい。自分で配球を読めるような選手を揃えないと、行き当たりばったりになっちゃいますから。そのへんが克服できればと思います。

試合によっては、ホントにもうあっさりアウトなんかが結構ありますから。すごく雑な面と大胆な面と両方あるんですよね。だから、これからは精度を上げていく。みなさんから機動破壊と言ってもらっていますけど、まだまだ発展途上じゃないかと思ってますね」

その上で打撃も強化し、スケールアップを求めていく。

「ウチは、ホームランとかで流れを変えられる選手は少ないですよね。やっぱり流れを変えられる、長打を打てるバッターが必要だと思います。機動破壊を意識しすぎちゃうと、そっちがおろそかになってしまう。じゃあ、180センチ台の大型バッターがそんなに走れるかとなると、なかなか走れないじゃないですか。そのバランスを、もうちょっとうまくやっていく必要があるということですね」

プロに行った脇本直人のように、打って走れる選手が理想。走塁とともに打撃を強化して、パワーとスピードを兼ね備えた究極の打線を目指していく。

機動破壊の将来

機動破壊という言葉が広く認識されるようになったことに対して、葛原父子はこう思っているという。

「機動破壊が世間に取り上げていただいたことに関して、父も私も嬉しく思っていますし、何より選手たちには本当に感謝してるんですよ。父が生み出して、青柳監督をはじめ我々指導陣が育て上げてきた機動破壊ですが、ＯＢを含む選手たちみんながそれを実践してくれたことで、今日の機動破壊があるわけですからね。

実は、現在のユニフォームの『健大高崎』の文字は、亡くなった私の祖父である欠塚《かけづか》勉《つとむ》が書いたものなんですが、これも選手たちの頑張りのおかげで、みなさんの目に触れる機会をいただいているわけですから、私たち葛原父子は親子三代にわたって選手や関係者の方々に感謝してるんですよ」

しかし、話題になればなるほど、有名になればなるほど、相手は自分たちのことを研究してくる。知られれば対策を取られ、やろうとすることができなくなる可能性もある。お家芸の盗塁ですら、成功する確率が低くなるかもしれない。周囲からは、「機動破壊も限界があるのでは？」というネガティブな声も耳に入ってくる。

だが、健大高崎のスタッフ陣はきっぱりと否定した。機動破壊という言葉の生みの親・葛原アドバイザーは言う。

「限界を作っちゃダメだと思うんですね。ひとつは、アイデア。やっぱり研究されますよ。そこで、『出尽くしました。もう終わりです』ではダメなんですよ。それでも次を考えないと。限界が来るというのは、相手がそれを阻止しにくるからでしょう。それに対して、どう考えるかですよね。

私の場合は、研究されるとワクワクします。研究されるということは、相手が何をしたいかわかるわけじゃないですか。『それなら、こうしよう』とか、そういうことが楽しい。まだ考えてますよ。今でも3つ、4つありますから。阻止しにきたら、また違う機動破壊が出てくると思うんです。阻止をしてくるプレーに対して、新たな機動破壊が生まれる。だから、負けません。進化するので。

もうひとつは、ヒットソングと同じで、野球の戦術もリバイバルってあるんですよ。私らが若いときにさんざん使い古したやつが、今ヒットしたりする。『こんなのにかかるの？』というトリックができたりするんです。そういったリバイバルを含めて、要は引き出しをどれだけ引けるか。みんな引き出しはあるんだろうけど、〝ここ〟というときに引けるかどうかですよ。引き出しを引く力というのは、どんどん進化していくと思いますね」

実際、2012年のセンバツで機動破壊が取り上げられた後は、徹底的なマークにあった。思うように走れない時期もあった。そのときを葛原コーチはこう振り返る。

「相手から対応されまくったので、盗塁を偽走に変えた時期があったんですよね、半年間ぐらい。でも、『やっぱり、行かなきゃダメだ』ともう1回変わったんですよ。もしかしたら、その半年の潜伏期間がよかったのかもしれないですね。

最初は相手が対応できないというところから始まって、次はものすごくけん制の数だけ増えました。その次はけん制をせず、無視して何もしないという感じですね。ほとぼりが冷めると元に戻ってくるというか、結局、オーソドックスな状態に戻ってきたので、14年の夏はそこを逃さなかったという感じです」

その経験を踏まえた上で、機動破壊の限界についてはどう考えているのか。葛原コーチはこう言う。

「ハコ（定番の基礎・基本）は作らなきゃダメですけど、そこで止まってたら絶対ダメですね。走塁のセオリーは常に変わってくるので。相手がやってくることに対して、こうしなきゃと順応しなきゃダメ。こっちがかぶせたら、またかぶせ返される。かぶせ合いの連続なので、常に進化しなきゃいけないですね。

選手たちが代替わりしても、それなりのことは毎年できると思いますよ。やめたらダメです。対応されてやめたら、相手の思うツボですから。日々更新、年々更新。今も機動破壊は確立はしていません。だから1年先にお会いしたら、ちょっと違うことを言っていたいなという気持ちもあります」

実際、14年夏の甲子園で大阪桐蔭に敗れた後に気づいたことがあった。新たに目指すべき機動破壊のイメージだ。

「頑張ってノーアウト二塁を作るところまでは、ある程度できるようになってきました。ただ、そうすると、送りバントして1アウト三塁を作ることが最高の形になっちゃうんですよ。一番よくて1アウト三塁。1点しか入らない。夏の1点って、すごく頼りない。

各チームの打力が上がっているので、1回振って本塁打などの長打で3点入れられるチームもいっぱいありますしね。得点で『2』という数字にこだわりたいと思ったときに、今まで最高で1アウト三塁だったのを、最低で1アウト三塁にしたいなと。

ノーアウト二塁から、強攻で低い打球中心に打っていって、一番悪くて1アウト三塁にする。もちろん、ファーストゴロ、セカンドゴロはサードへ行く。ショートゴロもゴロ・ゴーのスピードでサードへ行く。サードゴロも、捕って（走者を目で）けん制はしますけど、本当に投げる選手はあまりいないですから、送球間にサードに行く。どこにゴロが飛んでも、1アウト三塁が作れるというイメージです。

打球が芯を食ったり、間を抜けたときにはノーアウト一、三塁ができる。強打のバッターがいれば、逆に打球を上に上げるようにして、しっかり打って長打にする。ダメでもタッチアップができるフライにする。中途半端な浅いフライでなければ、ひとつの塁が最低でも取れる。そうやって仮説を立てています。それを可能にして、ノーアウト二塁からの得点力は1・3〜1・5倍を目指したいなと思っています」

そして、長である青柳監督。自らのサインで機動破壊の野球はどうにでもなるが、その指揮官の気持ちもぶれていない。

「限界はないです。例えば、けん制すればするだけピッチャーは浪費しますよね。あとは逆のパターンも考えられるじゃないですか。けん制しなければ走れる。最近はスーパーリードをしたときに、みんなけん制しないんですよ。相手にしないっていうかね。でもそれで、もうけん制がないってわかった瞬間に、1球目から走らせちゃうんです。機動破壊っていうのは、そういうふうに、逆、逆を突けるんですよ。相手が警戒していても逆のことができるんで。

だから、機動破壊に終わりはないと思うんですよ。それに、走塁においては、ウチは本当に命がけで取り組んでますから。その気持ちはどこにも負けていないつもりです。コーチもみんな自信を持ってやってくれてますから。たくさんのスタッフがいて、組織力でやるのが機動破壊。どのチームでもこうはできないと思います」

今後について、さらに青柳監督はこう続けた。

「ウチの野球がこうやってみなさんに取り上げてもらえるのは、やっぱり前へ前へ行くっていうことが、今の時代に合ってたと思うんですね。時代の背景で、たとえ失敗しても前に前に行くっていうね。そういうところにみんな感銘を受けてるんじゃないかなと思うんです。

あの大阪桐蔭戦の、初回の平山の盗塁の後の空気。みんなが期待していたことを、1球目からするっていうのがいいんでしょうね。もう空気がこっちのものになるというか。その楽しさを味わっちゃったんですよね（笑）。やっぱり、甲子園はお客さんを味方にするのは大事だなと。非常に勇気をもらいました。それを身に染みて実感したんで、もうこれでやめられなくなっちゃいました（笑）。もう必ず走らないとウチらしくないでしょ。甲子園までわざわざ足を運んで観に来るみなさんに、期待外れだなって思われないようにしないと。だから、常に前向きに、積極的に行くという野球は今後も続けたいなと思いますね」

相手のレベルが上がるのは、むしろ歓迎。その上を行く方法を考え、ものにすることができれば、こちらがさらにレベルアップできるからだ。まだまだ機動破壊に限界はない。これから先、どこまで進化していくのか——。

それが楽しみで仕方がない。

あとがき

守・破・離。

健大高崎の走塁は、まさにこの言葉に集約されているのではないだろうか。その中でも、特に大事なのが「守」。弟子が師匠の教えを守り、その基本となる型や技を身につけていく学びの段階だ。

本文で紹介したように、健大高崎では、入学すると1年生大会が終わる5月まで徹底的に走塁練習をする。ここで走塁に対する意識を変え、基礎・基本をくり返し練習することで身体に染み込ませる。この徹底した反復練習で型を覚えることこそが、大前提であり、幹の部分でもあるといっていい。

多くの指導者は、この基礎・基本の徹底した反復練習に対して、そこまでの時間をかけることができない。他にもやりたいことが山ほどあるから、「まぁ、これぐらいでいいだろう」と次の段階や別のジャンルに進んでしまうのだ。この反復練習をいかに削らずにできるか。型がしっかりとできあがらない限り、同じことを同じレベルで再現するのは難しい。できたとしても、たまたまで、継続性はない。

最初に我慢して型を身につけることができれば、後が楽になる。健大高崎に興味を持つ人は、「一体どれぐらい走塁練習をしているんですか?」と質問するが、3年間で見ると、意外と走塁ばかりではない。14年夏のチームでいえば、入学時の他に徹底してやったのは、14年春の大会後から夏の大会までの2ヵ月間。それ以外は、通常のチームと変わらないメニューをこなしていた。葛原コーチは言う。

「最初の導入で、1年生大会中にしっかりやったことって忘れないんです。1回、ガーンと上までやっておけばいい。スライディング練習とか、毎日やっているわけじゃないです。もちろん、1回身につけたことも徐々に薄れてはくるんですけど、数ヵ月後に1回、1時間ぐらい練習すれば、また感覚が戻ってきます。1回も詰めた練習をやってないとすごく時間がかかりますけど、1回固まってしまえば、時間はかかりません。ミソがわかってますから。

走塁の場合、ひとつのプレーばっかり練習して、いったんできるところまでいけばいい。あとは練習試合のときに、そのプレーが出るかどうかを待つ。走塁練習に時間を割いて、もう1回やるというのは、大会前とかシーズン代わりとかになってきます。だから、走塁練習をしないときは全然しないですね」

「守」の後は、しばらく「破」の期間。選手たちは、練習試合などでうまくいかなければ、自分なりに考え、工夫をする。ただ、健大高崎にとっては、むしろこの期間は指導者自身が考える期間でもある。基本の型にどう味付けをしていくか。相手の出方や対策を見ながら、修正点を探り、新たな型や方法を作り出していく。

そして、「離」。14年の夏、まさにこれをやってのけたのが脇本直人だった。「こちらの手を離れた走塁」と葛原コーチが手放しで褒めたのが、群馬県大会4回戦の桐生工戦だった。二塁走者だった脇本は、投手の投球後、捕手が投手にふわりと返球するスキを突いてスタート。三塁を奪うという走塁を見せたのだ。

「不可能に近いんですけど、結構狙っていました。ああいう予想外なことをすると、相手も動揺して流れも変わってくる。失敗してもいいから行こうと思いました」（脇本）

こういう思い切りが、甲子園初戦でのシングルヒットで二塁を奪った走塁や、迷いのないローボールスタートにつながっていった。脇本だけではない。試合に出ている選手全員が、同じような気持ちになれたからこそ、甲子園のスタンドをどよめかせるほどの走塁ができたのだ。型が身についている者は、何が起きても動揺することはない。「こうしたらこうなる」というイメージがわき、それにチャレンジしていくことで、新しいものを創造していくことができるからだ。

本書の取材をさせていただく中で、正直、心配になることがあった。青柳監督や葛原コーチをはじめ、健大高崎のスタッフは包み隠さず、惜しげもなく、具体的に走塁論を教えてくれたからだ。書籍として世に出てしまえば、使えなくなる作戦もあるはず。使えないとは言わないまでも、使いづらくはなるだろう……。だが、それぞれが本文の「機動破壊の将来」で語ってくれたように、誰もそのことは意に介していなかった。本当に自信があるからこそ言えることだ。そして、そこに強さを感じた。

個性を極めるのは簡単ではない。時間もかかる。我慢も必要だ。だが、健大高崎のスタッフは、それをやり抜くだけの強さを持っている。具体的には、困難なことを成し遂げるための「粘り強さ」。失敗しても叩かれても立ち上がる「芯の強さ」。ときには自説を押し通す「気の強さ」。これらを感じるからこそ、まだまだ機動破壊は進化していくことを確信した。

どんなに人気のある飲食店でも、看板メニューの味は何年も同じままではない。ずっと同じでは、飽きられてしまうからだ。客にわからないように、少しずつ変化させ、よりよい味に変えていく。この微妙な変化こそが、プロの妙。長年愛される理由になる。強烈な個性を放つ健大高崎の〝機動破壊弁当〟。これから、どんな味に変わっていくのか。わざわざ足を運ぶ観客が増えれば増えるほど、その商品価値は上がる。

さらなるバージョンアップを図る〝機動破壊〟。再びスタンドのどよめきを誘い、ファンからの後押しを受け、日本一になる日を楽しみに待ちたい。

田尻賢誉

機動破壊用語集

［**足上げスタート**］　投手の自由な足が上がった瞬間に盗塁のスタートを切ること。

［**アナリスト**］　もともとは分析する人という意味。専門分野に精通し、多角的な分析、アドバイスなどを行う。

［**1か所打撃**］　野手が守備につき、アウトカウントやボールカウント、走者を設定して行う実戦的な打撃練習。

［**一発けん制**］　走者二塁のとき、投手の通常のけん制は、二塁手や遊撃手（キーストーンコンビネーション）が、フェイントを入れたりしながら走者を刺すが、一発けん制はフェイントやカムフラージュを使わずに、投手が捕手のサインを見ているときに、捕手のシグナル（サイン）によってベースカバーに入った遊撃手か二塁手のいずれかに投げて刺す。また、捕手があらかじめけん制球を投げると決め、ボール球を要求し、捕球するやすぐさま各塁へけん制球を投げることを、一発けん制という場合もある。相手の虚を突いて不意打ちで送球することから、葛原アドバイザーは「真珠湾けん制」と呼ぶ。

［**インパクト**］　バットにボールが当たる瞬間のこと。

［**インモーション**］　投手が投球モーションに入ること。

［**ウエスト**］　waste（浪費、無駄使い）が語源。カウント0ボール2ストライクなどで、あえて1球ボール球を投げること。ピッチドアウトと混同して使う人が多いので注意。

［**エンドランカウント**］　2―0、2―1、3―1などボール先行で、投手がストライクを取りにいきたいカウントのこと。

［**オンライン**］　ベースとベースを結んだラインのこと。実際には線はないが、内野手の守備位置を表現する基準として使うと便利。

［**カウンターけん制**］　健大高崎用語で、投手がセットポジションに入る前に、走者がリードを取ろうとし

て二塁ベース方向に動いた瞬間に投げてくるけん制を指す。入り際のけん制とほぼ同義。

［**各駅停車**］　足が遅く、安打が出てもひとつの塁ずつしか進めない走者を指す。

［**カットマン**］　一般的には外野手からの返球を中継する内野手のことだが、本来はリレーマンと呼ぶのが正しい。健大では、外野からの返球が本塁で間に合わないと捕手が判断すれば、中継を止める意味で「カット」と叫び、逆に本塁に中継したい場合は「リレー」と叫んで、正しい用法を徹底している。

［**偽装スクイズ**］　スクイズのふり。三塁走者がスタートの姿勢を見せ、打者がバントの構えで空振りをする作戦。一、三塁で一塁走者を安全に二塁へ盗塁させたいときに使う。守備側は本当にスクイズを失敗したと思って三塁走者を見るため、他の塁に送球するのが難しくなる。

［**偽装スタート（偽走）**］　走者が盗塁のスタートのふりをして、盗塁したと思わせる作戦。

［**軌道スタート**］　投球がワンバウンドしてからではなく、通常の投球よりも低い軌道から「ワンバウンドするだろう」と予測して早めにスタートを切ること。

［**逆モーション**］　打球を追いかけている方向と投げる方向が逆のため、野手が体勢を立て直してから送球することになる状態。

［**ギャンブルスタート**］　三塁走者がゴロ・ゴーよりも早くスタートを切ろうと、ゴロ、フライ、ライナーにかかわらず、バットに当たった瞬間スタートすること。空振りの少ない信頼度の高い打者の場合は、投球の高さを見て、スイングする前にスタートを切る超ギャンブルスタートが可能な場合もある。その昔、ヤンキースの大監督ジョー・マッカーシーがこの作戦を用いたことから、健大では「マッカーシー」ともいう。

［**帰塁**］　リードした地点から、走者が塁に帰ること。

［**クイックけん制**］　左投手の一塁けん制、右投手の三塁けん制で通常のけん制のように足を大きく上げるのではなく、クイック投球のように足を小さくしか上げずにけん制すること。

［**クイックネス**］　瞬発力や加速力など一瞬の速さのこと。
［**グリーン・ライト**］　俊足あるいは読みの働く走者に対し、サインではなくいつでも盗塁をしてもよいと監督が許可をしていること。いつでも行ってよいことから青信号＝green lightと呼ばれる。
［**クロス（オーバー）ステップ**］　離塁の際にクロスオーバー（左足を右足前に出してクロスさせること）で勢いをつけるステップ。ワンクロスとはクロスオーバーを1回という意味。投手のインステップのこともクロスステップというが、ここでの説明は走者の離塁の際のステップについて。
［**限界ライン、限界地点、限界リード**］　走者がけん制されたときに戻れる最大のリードをした地点。
［**コーナーリング**］　ベースランニングでコーナー（塁）を回ること。
［**ゴロ・ゴー**］　打者がゴロを打った瞬間に走者がスタートすること。
［**ジャッグル**］　いったん捕球した後、送球に移る際にボールをつかみ損ねたり、お手玉すること。
［**シャッフル**］　サイドステップをして次の塁の方向に進むこと。投手の投球動作に合わせて、第二リードをするときに使う。ちなみに、ワンシャッフルはシャッフルを1回することで、ツーシャッフルは2回すること。
［**自由スチール**］　グリーン・ライトと同義。
［**自由な足**］　投手の踏み出す足のこと。右投手なら左足、左投手なら右足。
［**ショートバウンドゴー**］　投球がショートバウンドと判断した時点で、走者がスタートすること。捕手の手前でバウンドする、比較的捕球しやすいバウンドでもスタートする。
［**スイング・ゴー**］　打者がスイングをした瞬間に走者がスタートを切ること。通常より早くスタートできる。
［**スイングサーキット**］　健大高崎のスイングメニュー。数種類をサーキットトレーニングのように休みなく行う。

【**スーパーリード**】　通常の限界リードよりも、さらに大きなリードを取るという意味の健大高崎用語。

【**スクイズ・エバース**】　スクイズとエバースを組み合わせた健大高崎用語。エバースとは、バントの構えを見せてバットを引くこと。三塁走者はスタートするふりをし、打者がバントの構えをすることでスクイズと見せかけて、ピッチドアウトを誘う作戦。ボールカウントを打者有利に持っていくのが第一目的だが、これを見せておくことで相手は「スクイズはふりだけでやってこない」と思うため、逆にスクイズを仕掛けやすくなる。

【**ストップウォッチ係**】　ベンチにいる選手で相手投手のクイック、捕手の二塁送球タイムなどをストップウォッチで計測する係。

【**ストライク・ゴー**】　2アウトで2ストライクのとき、投球がストライクになると判断した時点で走者がスタートを切ること。スイング・ゴーよりも早くスタートできる。

【**3S（スタート、スピード、スライディング）**】　盗塁成功のための3要素。スタートのよさ、走るスピード、スライディングの速さ、うまさ。

【**スリーフィートオーバー**】　走者が野手の触球（タッチ）を避けて、塁間を結ぶ直線から3フィート以上離れて走った場合はアウトになる。公認野球規則7・08（a）項。ちなみに1フィートは0・3047 94メートル。

【**セイバーメトリクス**】　野球草創期から定着し、蓄積されてきたデータを統計学の視点から洗い直すことで見直そうという新たな選手の評価方法や戦略術。アメリカの野球ファン、ビル・ジェイムズによって提唱された。語源はアメリカ野球学会（Society for American Baseball）の略称「SABR」と測定基準の「metrics」。

【**セイムタイム（same time）**】　野手が各塁への送球捕球する、またはボールを持った野手がベースを踏むのと走者が塁を踏むのが同じタイミングであること。「セイムタイム」＝「同時セーフ」となる。

［**セーフティースクイズ**］　通常のスクイズは、投手が本塁へ投げるモーションに入ると同時に三塁走者がスタートし、打者はすべての投球をバントするが、セーフティースクイズの場合は、打者はストライクのみをバント。走者は打球が転がったのを見てスタートする。投手前などのバントでは、走者がアウトになる可能性が高くスタートを切れないため、セーフティーバントのように転がす角度を意識する必要がある。

［**ターンけん制**］　一般的には、投手が足を上げてから、プレートを外さずにくるっと180度回転して二塁へけん制することをいう。時計回り、反時計回りともにある。だが、健大で用いている「ターン牽制」は、両脚で同時に地面を蹴って飛び上がり、空中で反時計回りに180度回転して二塁に投げるけん制のことを指す。こうすると、プレートを外すけん制や、外さずにターンして回るけん制よりも、素早く強い送球ができる。ボークぎりぎりのけん制ともいえる。

［**ターンスチール**］　二塁走者が飛び出してしまったように見せかけ、捕手のけん制を誘い、捕手が送球した瞬間に180度ターンして三塁へ盗塁する作戦。打者の送りバント空振りなど、飛び出してしまった場合にも使える。

［**体幹**］　一般的には、人間の身体の頭部と四肢（左右の手足）を除いた胴体の部分を指す。さらに簡単にいえば、腹筋、背筋のこと。

［**第二リード**］　投手が投球動作に入った後に取るリードのことで、セカンドリードともいう。投手がセットポジションに入っているときのリードと区別するためにこう呼ぶ。

［**2ウェイ**］　一方通行のワン・ウェイではなく、ゴー、バックの両方の可能性がある通常のリードのこと。ベンチからサインが出ていない通常のリードは2ウェイ。

［**2ランスクイズ**］　スクイズで二塁走者も本塁を狙い、一気に2点を奪う作戦。

【**ディス・ボール（this ball）**】　監督がサインを出した投球のときに盗塁すること。「この球で走れ」という意味からthis ball。

【**ディレードスチール**】　通常の盗塁より遅く、投球がホームプレートを通過する頃にスタートを切る。そのためdelayed（遅らせた）スチールと呼ぶ。捕手が走者を見たときには走る姿勢を見せていないため、相手を油断させ、送球への準備を遅らせることができる。

【**ディレードステップ**】　ディレードスチールをするためにシャッフルをすること。

【**同時セーフ**】　野手が捕球する、またはボールを持った野手がベースを踏むのと走者が塁を踏むのが同じタイミングである場合、判定はセーフになる。

【**トリック（系）**】　相手を欺く作戦のこと。走塁の場合は走者がわざと転んだり、わざと飛び出したり、失敗したと見せかけて相手からの送球を誘い、その間に別の走者が進塁を狙う策略。

【**ハーフウェー**】　フライ系の打球が上がった際に、捕球されても、安打になっても、どちらにも対応できるように走者が塁間に止まって様子を見ること。一塁走者なら一、二塁間で、外野手から返球されても帰塁できる場所で様子を見る。

【**ハーフバウンドゴー**】　投球がハーフバウンドになると判断した時点で、走者がスタートすること。捕手の手前ではなく、ホームベース手前などでバウンドすると中途半端なハーフバウンドとなる。ショートバウンドよりも捕球しづらいため、捕手が弾く可能性が高くセーフになる確率が高い。

【**ハーフライナー**】　ライナーとフライの区別をつけにくいライナーのこと。打球速度が遅く、高くない打球を指す。

【**入り際けん制**】　投手がセットポジションに入ると見せかけた瞬間に、けん制球を投げること。

【**ハコ**】　定番の基礎・基本のこと。

【**バックアップ**】　悪送球に備えて、捕球する野手の後ろに入ること。
【**ヒットエンドラン**】　投手の投球と同時に走者がスタートして、打者はストライク、ボールにかかわらず必ずゴロ(グラウンダー)を打つ作戦。単打で2つの進塁をする、内野ゴロでも進塁するのが目的。併殺打を避けるための作戦としても有効。
【**ピッチドアウト**】　盗塁、ヒットエンドラン、スクイズなどを警戒して、守備側が打者のバットが届かないコースに、あえてボール球を投げること。
【**ピッチャーフィールディング**】　バント処理を含めた投手の守備。
【**1人3球けん制**】　一般的に投手はけん制の数が多くなればなるほど、けん制を続けることが少なくなる。けん制がないと判断すれば、思い切って盗塁のスタートを切りやすくなる。3球以上続けることはまれなため、3球がけん制をもらう目標の数になる。
【**ファンブル**】　いったんグラブや手に当てたボールを捕り損なうこと。
【**フックスライディング**】　返球を待つ野手の構える場所とは反対方向(ベースの右または左)に滑り、ベースに足をひっかけて止まるスライディングのこと。相手野手の動きを封じたり、タッチを避けるために行う。
【**振り出し・ゴー**】　スイング・ゴーとほぼ同義。
【**ブレーン**】　コーチやトレーナーなどを指す健大高崎用語。正式にはブレーントラスト。本来は、政府や政治家に対して各専門分野のスペシャリストが助言や相談相手になるという政治用語。
【**雰囲気出し**】　リードの大きさや姿勢、偽装スタートなどでいかにも盗塁をするかのような雰囲気を出し、相手に警戒させること。
【**ベースカバー**】　空いているベースに野手が入ること。
【**目切りのクイック**】　セットポジションで二塁走者を見ている状態で、二塁走者から目を切り、本塁を向いた瞬間にクイックで投げること。投球目標が定まりづらく、コントロールがつきにくい。

【ランエンドヒット】 走者が走り、打者はストライクの場合のみ打つ作戦。打てばヒットエンドラン、見逃せば盗塁に近い形になる。ボール球の変化球を見送った場合は、盗塁成功の確率が高くなる。3ボールのときに有効。

【ランダウンプレー】 RUN-DOWN「ランダウン」（挟撃）。塁間で走者をアウトにしようとする守備側の行為をいう。公認野球規則2・67項。挟殺プレーともいう。

【離塁】 リードを取るために、走者が塁から離れること。

【レーダー】 走者が投手のクセ、セットポジションの長さ、けん制球が何球続くかなど相手の情報を探る役割をするという健大高崎用語。レーダーが得た投手のクセなどの情報は、おみやげともいう。

【ローボールスタート】 軌道スタートと同義。チームや人によって呼び方が異なる。

【ワン・ウェイ】 一方通行＝one way。ワン・ゴー、ワン・バックなどあらかじめ走者がスタートのみ、バックのみと決めて走塁を行うこと。ワン・ウェイリードの場合は、通常より大きくリードできるため、投手の打者への集中をそぐことができる。投手からけん制球をもらいたいときにも有効。

【ワン・ゴー】 健大高崎用語で、投手が動いた瞬間に走者はすべてスタートする作戦。ギャンブル的な要素があるが、思い切ってスタートできるため、盗塁成功の確率は高くなる。特に左投手に有効。

【ワンシャッフル・ゴー】 シャッフルを一度してからスタートすること。

【ワン・バック】 健大高崎用語で、投手が動いた瞬間に走者はすべてバックする作戦。必ず戻るので通常よりリード幅を大きくできる。

【ワンバン・ゴー】 軌道スタートと同義。チームや人によって呼び方が異なる。

ボークの定義について

公認野球規則（※は補足）

8・05　塁に走者がいるときは、次の場合ボークとなる。

(a) 投手板に触れている投手が、投球に関連する動作を起こしながら、投球を中止した場合。

※投球動作を途中でやめたり、セットに入ろうとしてやめた場合など。

［**原注**］左投げ、右投げ、いずれの投手でも、自由な足を振って投手板の後縁を越えたら、打者へ投球しなければならない。ただし、二塁走者のピックオフプレイのために二塁へ送球することは許される。

※自由な足である前足がプレート後方のライン（投手板の後縁）を越えたらホームに投げなければボークになる。

(b) 投手板に触れている投手が、一塁または三塁に送球するまねだけして、実際に投球しなかった場合。

※二塁以外への偽投は認められていない。

(c) 投手板に触れている投手が、塁に送球する前に、足を直接その塁の方向に踏み出さなかった場合。

［原注］投手板に触れている投手は、塁に送球する前には直接その塁の方向に自由な足を踏み出すことが要求されている。投手が実際に踏み出さないで、自由な足の動きを変えたり、ちょっと上にあげて回したり、または踏み出す前に身体の向きを変えて送球した場合、ボークである。

（e）投手が反則投球をした場合。

※打者が構える前に投球するクイックピッチをした場合、セットポジションで軸足を投手板の後方に外さない場合（外せるのは後方のみ）など

（k）投手板に触れている投手が、故意であろうと偶然であろうと、ボールを落とした場合。

（l）故意四球（※敬遠）が企図されたときに、投手がキャッチャーズボックスの外にいる捕手に投球した場合。

（m）投手がセットポジションから投球するにさいして、完全に静止しないで投球した場合。

（※ボークの判定の主なものは右記の通りだが、審判によって厳格にボークを取る人と、取らない人に分かれるのが現状）

機動破壊

2015年３月20日　初版第一刷発行
2015年４月15日　初版第二刷発行

著者／田尻賢誉

発行人／後藤明信
発行所／株式会社竹書房
〒102-0072　東京都千代田区飯田橋2-7-3
03-3264-1576（代表）03-3234-1333（編集）
振替00170-2-179210
URL http://www.takeshobo.co.jp

印刷所／共同印刷株式会社

カバー・本文デザイン／轡田昭彦＋坪井朋子
特別協力／青栁博文（健大高崎野球部）
取材協力／葛原美峰・葛原毅・生方啓介・岡部雄一
撮影協力／脇本直人・平山敦規・星野雄亮・持田海斗・池田諒
撮影／北村泰弘
写真提供／アフロ・産経新聞社・朝日新聞社
図版／小出耕市

編集人／鈴木誠

Printed in Japan 2015

ISBN978-4-8019-0244-2 C0076